Conversas com Gaudí

Coleção Debates
Dirigida por J. Guinsburg

Equipe de Realização – Tradução: Alberto Matsicano; Revisão técnica: Juan Sanz Hernandez; Edição de texto: Marcio Honorio de Godoy; Revisão: Adriano Carvalho Araújo e Souza e Bárbara Borges; Fotos das páginas iniciais e finais: Sergio Kon e Noemi Moritz Kon; Produção: Ricardo W. Neves, Sergio Kon e Raquel Fernandes Abranches.

cesar martinell brunet
CONVERSAS COM GAUDÍ

Prefácio de Joaquim Guedes

PERSPECTIVA

Dados Internacionais de Catalogação na Publicação (CIP)
(Câmara Brasileira do Livro, SP, Brasil)

Brunet, Cesar Martinell, 1888-1973.
Conversa com Gaudí / Cesar Martinell Brunet; [tradução
Alberto Marsicano]. – São Paulo: Perspectiva, 2007. – (Debates;
307 / dirigida por J. Guinsburg)

Título original: Conversaciones con Gaudí
Bibliografia
ISBN 978-85-273-0796-3

1. Arquitetos – Espanha 2. Gaudí, Antoni, 1852-1926
– Crítica e interpretação I. Guinsburg, J. II. Título. III. Série.

07-5350   CDD-720.92

Índices para catálogo sistemático:

1. Arquitetos ; Arquitetura moderna espanhola:
Crítica e interpretação : Vida e obra   720.92

Direitos reservados à

EDITORA PERSPECTIVA LTDA.

Alameda Santos, 1909, cj. 22
01419-100 São Paulo SP Brasil
Tel.: (11) 3885-8388
www.editoraperspectiva.com.br

2022

A Juan Rubio Bellver
Arquiteto

quem tantas coisas interessantes poderia nos
contar do tempo em que colaborou com
Gaudí na Sagrada Família.

Cordialmente,

C Martinell

SUMÁRIO

Limites da Arquitetura e dos Humanos
em *Conversas com Gaudí* – *Joaquim Guedes* 15

Introdução – *Alberto Marsicano* 29

A Cooperativa Obreira Mataronense, 31; O Templo
Expiatório da Sagrada Família, 32; O Palácio Güell, 33;
A Colônia Güell, 34; O Parque Güell, 35; A Casa
Milá, 37; Conversas com Gaudí, 39; Gaudí, Arquiteto-
Luthier, 41; O Legado de Gaudí, 42.

1. GAUDÍ, HOMEM INACESSÍVEL? 43

Primeiro Enfoque do Arquiteto e do Templo, 43;
Umas Portas Que se Abrem, 45; Gaudí Visto
de Perto, 47; Conversa Elucidativa, 49; Umas Notas
Íntimas, 51; Revisão destes Apontamentos, 51;

2. O TEMPLO DA CATALUNHA ATUAL 53

Policromia dos Templos, 53; Influência da Latitude no Sentimento da Beleza, 54; A Aparente Riqueza de Barcelona, 55; O Apurado Sentido da Visão, 56; A Duração das Obras da Sagrada Família e de Outros Templos, 57; A Fecundidade do Sacrifício, 58; O Templo da Catalunha Atual, 59; A Continuidade das Obras, 59; A Longa Construção de Alguns Templos, 60; Significação Construtiva da Igreja, 61; A Porta do Rosário. Sucessivas Variações no Plano Original, 62; Arquitetura Policromática, 62; O Custo da Obra, 63; A Via-Crúcis e a Cripta, 63; Mestria Estética da Liturgia, 64; A Iluminação dos Templos, 65; As Plantas do Templo, 66; Descrição sobre o Simbolismo do Templo, 67; Portal da Paixão, 68; Portal Principal, 68; O Canto Litúrgico, 71; Despedida, 72.

3. ARTE E COMÉRCIO 75

O Comércio Protetor das Belas-artes, 75; Valor Material das Obras de Arte, 76; Espírito Sintético da Arte e do Comércio, 76; O Comércio de Barcelona Funda a Escola de Belas-Artes, 76;

4. ESTRUTURA MECÂNICA DO TEMPLO 79

Qualidades dos Parabolóides Hiperbólicos, 79; Crítica da Arquitetura Gótica, 80; A Estrutura Que Sustenta o Templo, 81; Arquitetura Policromática, 81; Longa Duração das Obras, 82; Procedimento de Cálculo, 83; Estática das Torres, 84; Vantagens Construtivas dos Parabolóides Hiperbólicos, 84; Uma Aula de Geometria através da Visão, 85; Despedida, 87.

5. GAUDÍ ESCULTOR 89

Moldados do Natural, 89; Arte, Beleza e Verdade, 90; Importância Expressiva do Esqueleto, 90; Procedimento para o Estudo de uma Figura Humana, 91; Tipos Étnicos, 92; Vantagens deste Procedimento para Encontrar a Emoção Desejada, 92; Falsa Emoção, 92; Prevenção contra o Afã de Originalidade, 93; Visão Mediterrânea da Beleza, 93; O Reflexo a Serviço da Arte Escultural, 94; O Helenismo da Sagrada Família, 95.

6. AS VOZES, A COBERTURA E O SIMBOLISMO DO TEMPLO 99

Policromia, 99; Dimensão da Escultura Monumental, 99; Monstros na Escultura, 101; As Capelas do Templo, 101; A Liturgia, 102; A Supremacia da Palavra, 102; Os Sinos, 102; A Cobertura Dupla do Templo, 103; Pés Direitos, 103; Uma Planta Inacabada, 104; Estrutura e Simbolismo do Templo, 104; O Portal do Nascimento, 105; O Portal da Paixão, 106; A Fachada Principal, 107.

7. ORIGINAL A CONTRAGOSTO 109

Formas Geométricas, 109; Perfeição das Formas Contínuas, 110; A Originalidade, 110; Dezembro de 1949, 110; O Zimbório do Templo Inspirado numa Obra do Escultor Bonifàs, 111; As Torres do Templo e os "Xiquets de Valls", 113; Precedentes Históricos, 114.

8. OS SINOS DO TEMPLO E ALGUMAS ANEDOTAS DE LEÓN 115

A Complexidade dos Sons, 115; A Emoção dos Sinos, 116; A Dificuldade de Perceber Sons Extremos, 117;

Sons Principais e Secundários, 117; A Geometria dos Sinos, 118; Sinos Tubulares, 118; A Origem Provável dos Sinos, 119; Não Existe uma Técnica Verdadeira para se Fazer Sinos, 119; Sineiros sem Arte, 120; Experiências com os Sinos Tubulares, 120; Tocar Sinos com Arte, 121; A Finalização dos Campanários Que não se Realiza, 121; Dimensão das Esculturas Exteriores do Templo, 122; As Doações, 122; Continuidade das Obras do Templo, 123; Otimismo, 124; "A Casa dos Botins Está Caindo", 124; "Quem Manda, Manda", 125.

9. MAU ALUNO E EXCELENTE ARQUITETO..... 127

Uma Comida Frugal, 127; De Seus Tempos de Estudante, 128; Uma Opinião sobre o Arquiteto Rovira I Rabassa, 129; Intuição da Geometria, 130; O Cálculo de um Reservatório de Água, 130; Um Aluno Inadaptado, 131; Elias Rogent, 131; Como Gaudí Foi Incumbido a Criar a Sagrada Família, 131; A Providência Salvaguarda o Templo, 136; A Capacidade de Situar e as Pessoas do Campo de Tarragona, 137; Testando os Sinos, 138; As Capelas Absidais, 138; Diferenças Étnicas, 139; Oratória Enfática, 139;

10. ILUMINAÇÃO ARTIFICIAL DOS TEMPLOS ... 141

Monotonia da Iluminação Central, 141; A Iluminação dos Templos, 142; A Beleza acima dos Estilos, 142; Luz Moderada, 143; Profissionais Pouco Sensíveis, 144; A Catedral de Barcelona, 144.

11. DAS FRIEIRAS AO REGIONALISMO 147

Causa e Tratamento das Frieiras, 147; Permanência

e Mutação, 148; Poder Efêmero e Comércio Eficaz, 148;
Centro Econômico, 149; Superioridade da Catalunha,
150; Lembrança de Astorga, 151.

12. ANÁLISE E SÍNTESE 153

Estudo de Propriedades Geométricas, 153; Os Sovietes,
154; Diferentes Graus de Síntese, 154; Aborígenes
das Formas Gaudianas, 155; Unidade de Formas,156;
Inteligência Angélica, 156; Uma Coluna Síntese, 157;
Desculpas Cordiais, 157.

13. DETIDO POR FALAR CATALÃO 159

Um Pequeno Inferno, 160; Fidelidade à Própria
Língua, 161; No Cárcere, 161; Negras Previsões, 162;
Indisciplina Perigosa, 163; Interferência de
Autoridades, 164; Uma Mulher Consternada, 165;
A Censura, 166; Advertência ao Rei, 167; Outra
Vez a Censura, 168; Notícias Complementares, 169.

14. O FUNERAL DA SENHORA DALMASES BOCA-
BELLA E OUTRAS COISAS INTERESSANTES 171

Um Funeral na Cripta, 171; Prestígio da Sagrada Família,
172; Incompreensão Nórdica, 174; "Um Senhor", 174;
Incompatibilidades, 175; Caldeiraria e o Espaço, 175;
O Plano como Meio Auxiliar, 176; Equivalência, 176.

15. TÉRMINO DA PRIMEIRA TORRE 179

É Preciso Saber Esperar, 179; Mosaicos de Ouro e
Mosaicos Terrosos, 180; Inscrições no Remate, 180;
Visão Futura dos Campanários, 181; Helenismo Inato
de Gaudí, 182; Cântico Plástico à Trindade, 182;

13

Síntese das Três Dimensões, 183; Um Antecedente da Incompreensão dos Campanários, 184; Um Elogio Sincero, 184; O Aperfeiçoamento do Gótico, 185; Umas Luminárias para a Cripta, 185.

16. LEMBRANÇAS QUASE ESQUECIDAS 187

Plástica e Espaço, 188; Opiniões sobre Personalidades, 189; Maneiras Pessoais, 191; Na Sagrada Família, 193; Esgotando o Assunto, 194 Intimidades, 195.

17. A MORTE DE GAUDÍ 199

O Acidente, 199; Um Paciente Anônimo, 200; Comoção Pública, 200; A Passagem, 202; O Velório, 202; O Segundo Dia, 204; O Enterro, 205; À Voz Baixa, 205; A Vizinhança do Templo, 206.

18. A TUMBA PROFANADA? 207

Anexo: Lista de Termos e Assuntos 211

LIMITES DA ARQUITETURA E DOS HUMANOS
EM *CONVERSAS COM GAUDÍ*

Em meus tempos de estudante, Gaudí se encontrava na eclosão de sua fama. Terminada a Casa Milà do Paseo de Gracia, o eminente arquiteto encerrou-se no Templo da Sagrada Família, com a intenção de não intervir em outras obras. Coisas prodigiosas eram comentadas sobre suas soluções construtivas. Segundo os que o conheciam, todas suas intervenções se constituíam numa lição impressionante. Com seu genial vislumbre iluminava novas regiões desconhecidas, que superavam os limites do tradicional. Sua profunda visão se enraizava na natureza e nos estilos para obter resultados efetivos. Seu talento alçava-se até o cume da arte com o louvável desejo de legar à arquitetura do Templo resplendores de verdade eterna.

Na Faculdade de Arquitetura este talento de Gaudí era considerado revolucionário por quase todos os professores, e o espírito ávido por novidades dos estudantes fazia com que as teorias gaudianas adquirissem muita força e fossem aceitas com fé, fruto de uma admiração mais sentimental que consciente[1].

"Um Gênio Catalão"[2] é o título de artigo de Bruno Zevi, publicado em 1950, logo após a Guerra, um dos primeiros e mais importantes estudos fora da Espanha sobre Gaudí. Gênio e Gaudí eram palavras inseparáveis e obrigatórias, desde os primeiros escritos. Frank Lloyd Wright, Le Corbusier, Mies van der Rohe ou o grande mestre Hugo Alvar Henrik Aalto, os maiores arquitetos do século xx, jamais foram objeto de tanta reverência e cuidados por parte dos seus críticos. Parecia um acerto prévio com os devotos locais, como se dissessem: já reconhecemos o "gênio"; agora queremos tempo...

Morto havia três décadas, pouco sabíamos sobre ele. A península ibérica, para nós, representava o atraso. Nossos amigos e colegas espanhóis e portugueses eram heróis exilados em seus países. Dividida pela guerra civil que mobilizara as consciências do mundo, a Espanha estava isolada da grande Europa livre. Gigante, Antonio Gaudí jazia estranho em sua terra, como, em Madri, incomodavam a inteligência, independência e elegância de José Ortega y Gasset, que, maltratado em Barcelona, como vi, vai exilar-se em Portugal, Cascais.

Gaudí é muito maior que sua origem e contexto. Será sempre admirado, inexplicável fenômeno, sem filhos. Grande artista, inventa-se no céu humano, brilha isolado e sobrevive nas obras, como dizem Walter Benjamin e outros, apud Olgária Matos[3]. Personalidade extraordinária,

---

1. Cf. capítulo 1, Gaudí, Homem Inacessível?, p. 43-44.
2. Cf. Bruno Zevi, Um genio catalano: Antonio Gaudí, *Metron*, n. 38, Milão, 1950. A palavra "gênio" está aí, mas o coletivo "catalão" coloca-o, com a Espanha, à margem da Europa. Pelo que digo acima, mais a soberba romana.
3. Professora titular de filosofia política da FFLCH/USP. Cf. Olgária Matos, Posfácio, Walter Benjamin, Dimensão Estética: arte, cultura, filosofia, em

incomparável, solidão perturbadora, ele pertence à legião de cavaleiros andantes, antecedentes e seqüentes. Vejo a seu lado o Bispo do Rosário – olá, Dra. Nise da Silveira, Riza e Luis Paulo Conde[4]; o Marquês de Sade, com sua licença – olá, Eliane Robert Moraes[5]; e o vivo e centenário arquiteto Oscar Niemeyer[6], por minha conta; todos pelo seguinte fato da maior relevância: os quatro desconhecem em seu trabalho a pessoa humana, que é o centro obrigatório de toda arquitetura desde os anos trinta – ao ser proclamado por Aalto: "o homem está no centro da minha arquitetura", quando surge "La Rebelión de las Masas"[7] –, e permanece atualíssimo, mais importante para a humanidade do que nunca, como o ponto sensível ético-social da cultura política global contemporânea. Falam diretamente

Walter Benjamin, *Passagens*, Belo Horizonte: UFMG, 2006; *Os Arcanos do Inteiramente Outro*: a escola de Frankfurt, a melancolia, a revolução, São Paulo: Brasiliense, [s.d.]; *História Viajante*, São Paulo: Stúdio Nobel, São Paulo, 1997; *Discretas Esperanças*, São Paulo: Nova Alexandria, 2006.

4. Nise da Silveira, fundadora do Museu de Imagens do Inconsciente. Os arquitetos Riza e L. P. Conde apresentaram-me à Dra. Nise e à competência comunicacional do inconsciente que se socializa pela arte. Não seria extraordinário um livro como este sobre Arthur Bispo do Rosário? Ele viveu muitos anos, em Jacarepaguá, no Rio de Janeiro, driblando com astúcia a Colônia Juliano Moreira, para produzir sua obra impressionante.

5. Professora titular de estética e literatura da PUC/SP. Cf. Eliane Robert Moraes, *Sade*: a felicidade libertina, São Paulo: Imago, 1994; *O Corpo Impossível*, São Paulo: Iluminuras, 2002 (Tese de doutorado da FFLCH/USP) e *Lições de Sade*, São Paulo: Iluminuras, 2006.

6. Hesitei a incluí-lo. Medo de que ele e Gaudí, embora pessoas superiores, generosas, míticas, e seu séquito de admiradores, não me compreendam e se aborreçam comigo, que também não quero ser confundido com um desmancha-prazeres. Um dia vai ser possível analisá-lo. Não cabe em simples nota de rodapé. Aos interessados, cf.: 1. minha entrevista "Chega de Oficialismo" concedida à Mario Sérgio Conti da revista *Veja*, 9/4/1986, Páginas Amarelas; 2 . o editorial "Faça-se a luz", *Jornal do Brasil*, 11/4/1986; 3. Joaquim Guedes, 1989, Oscar Niemeyer na Barra Funda, em São Paulo, *Revista da USP*, n. 5, São Paulo: Coordenadoria de Comunicação Social, 1990, Dossiê Cidades; 4. G. M. Kujawski, Niemeyer Flutua na Luz, *O Estado de S. Paulo*, 27/8/1998; 5. Mac Margolis, The Shock of the Old, Capa, *Newsweek*, 1/4/2002; 6. Kurt Hart, Kolner Stadt-Anzeiger, Kolner, de 29/07/2005 na Rádio Deutsche Welle, reproduzido em diversos países.

7. Cf. José Ortega y Gasset, La Rebelión de las Masas, *Revista de Occidente*, Madrid, 1929. Ano da quebra da Bolsa de Nova York.

com os seus deuses e, sobretudo, consigo mesmos, acima da fraternidade distante, que não conseguem ver: seres extraordinários, momentos singulares e maiores a conhecer, compreender e ampliar nossas vistas sobre o universo.

O interesse deste livro de Cesar Martinell Brunet está em que não é um estudo analítico-crítico, acadêmico, externo ao arquiteto e à obra. É interno. Um relato cuidadoso, sensível, inteligente, de um aluno que ama o mestre como um sábio, um santo, um ser iluminado, enviado de Deus, que, ao conhecê-lo, entregou-se à missão de revelar à humanidade o extraordinário homem-gênio, que seguiu de perto até a morte, e depois da morte, cerimoniosamente, por 25 anos. O desnível na relação aquele aluno-aquele mestre e sua complexidade afetiva levariam a supor um texto frouxo. Miraculosamente, é muito bem escrito, eficiente e agradável. São capítulos e subtítulos com milhares de observações, explicações, idéias, teorias e filosofias sobre todas as coisas; notas imperdíveis, além de um útil índice de conceitos.

Tantos anos de aproximações imperfeitas e recebo o agradável e intrigante convite de seu tradutor, Alberto Marsicano, para prefaciar esta primeira edição em língua portuguesa de *Conversas com Gaudí*. Presente inesperado, proporcionou-me uma nova maneira de me aproximar do "gênio". Com nossa formação brasileira, nos anos de 1950, história pessoal, maniqueístas, perdidos entre o bem e o mal do mundo, mesmo com a generosa agressividade cognitiva parceira de Zevi, era-nos impossível ver Gaudí no país em que Franco e a Igreja massacravam Barcelona e fuzilavam Lorca. Foi lento compreender que a arte pudesse emergir em qualquer lugar, do mar de lama da história, do chão, o nível mais baixo e sujo, da fina biosfera a processar a grande digestão universal, material e imaterial, orgânica e inorgânica, alimentos e dejetos, engenho e maldade de que emergem toda a vida e o belo, enquanto cliva as entranhas da terra e o firmamento. Estarei, agora, à altura do frescor e da simplicidade destes registros, em sua irresistível pureza e promessa de verdade e honestidade?

Em Gaudí tudo é detalhe. "Não há detalhe na execução"[8]. Dependemos de fotógrafos iluminados que nos tragam as micro-macromaravilhas que fazia, pouco se importando se eram acessíveis aos nossos olhos[9].

Com tantos obstáculos, não pudemos entregar-nos aos estranhos encantos, apaixonadamente, como Lina Bo Bardi[10] – também, uma construtora iluminada –, existe outra maneira? Lutávamos, ainda, armados com viciada, incontrolável e soberba racionalidade, julgávamo-nos experientes, prontos a discuti-lo e preparados para resistir, serenamente, com saberes, políticas e, obviamente, arrogância. Aos poucos, desmontamo-nos. As deliciosas discussões com Lina, interrompidas em 1992, seriam diferentes, para fruirmos, juntos, o momento único desse encontro com o homem-gênio, escrupulosamente convivido, anotado e revelado pelo idólatra autor. Conscientes da sub-

---

8. Referência à primeira frase de Eupalinos a Fedro, pedida por Sócrates, que diz: "compreendo e não compreendo". Cf. Paul Valéry, *Eupalinos ou o Arquiteto*, tradução de Olga Reggiani, São Paulo: Editora 34, 2006 (Edição bilíngüe).

9. Cf. Daniel Giralt-Miracle e Ramón Manent, *Mirar Gaudí*, Barcelona: Lunwerg, 2002.

10. Lina Bo Bardi, nascida em Roma, viveu no Brasil de 1947 a 1992. Foi o maior arquiteto brasileiro em seu tempo (ela usava o masculino "arquiteto"). Foi colega de faculdade e amiga de Bruno Zevi. Lina fora liberada dos inquéritos policiais-militares, em junho de 1975, onze anos após o golpe militar, e estava mal. Fui na manhã seguinte à sua casa e convidei-a para vir comigo ao XII Congresso da União Internacional de Arquitetos, em Madri. Em uma semana iniciamos maravilhosa viagem, ela festejada por amigos e admiradores de Barcelona, os arquitetos Oriol Bohigas, Frederico Correa, Riza e L. P. Conde; do Marrocos, o arquiteto Élie Azagury e ministro Hassan Ababou; de Portugal, os arquitetos Mestre Nuno Teotônio Pereira – "uma referência em Portugal", saíra cego da prisão –, e seu aluno, o ministro da Habitação, Nuno Portas, em plena festa da Revolução dos Cravos; de Paris, Jean Pierre Halévy, diretor da Escola de Altos Estudos de Monumentos Franceses do Palais de Chaillot, Jean-Louis Cohen do Instituto Francês de Arquitetura (IFA), e Miguel Pereira da União Internacional dos Arquitetos (UIA); de Roma, Bruno Zevi, em visita aos locais que desenhavam quando eram alunos da Faculdade de Arquitetura "La Sapienza" da Universidade de Roma; e, finalmente, de Milão, a família Bo, Riza, Conde e o grande arquiteto e amigo de quarenta anos, Ângelo Mangiarotti e Chiara.

serviência desmedida do discípulo, seremos conduzidos encantados às genuínas reflexões e relações de Gaudí com o universo e chegaremos mais perto em tempo e forma reais do ato construtor, gênese e parto, inventado, ali, à nossa frente. As visões e processos gaudianos, embora por vezes se confrontem com os progressos da ciência do homem e da natureza, misteriosos, abrem-nos um leque de vetores para repensar novas e muitas arquiteturas e cidades.

Vamos ver e ouvir por dentro dos olhos e ouvidos de Gaudí como ele via e ouvia cada coisa, a vida, as mulheres e os homens (que, enquanto arquiteto, não via), seus pensamentos, palavras, interesses... e atos (como construía), cuidadosamente registrados e preservados pelo aluno, a imaginar espaços... "caldeirarias"[11], "modo de ser" e acanhadas intimidades. Há curiosa passagem: Gaudí responde ao pai de um aluno que rejeitava, de maneira rude, dizendo-lhe que seu filho jamais seria arquiteto.

Possuo esta qualidade de ver o espaço pois sou filho, neto e bisneto de caldeireiros [...]. Na casa de minha mãe todos eram caldeireiros. Um de seus avós era toneleiro (o que vem a ser o mesmo). E o outro era marinheiro, gente que também vislumbrava os amplos espaços e as situações [...]. Todos os grandes artistas do renascimento florentino foram cinzeladores que, como os caldeireiros, obtêm volumes com uma matéria plana, embora não se afastem muito das duas dimensões. Os caldeireiros abarcam as três dimensões, e isso acaba inconscientemente por criar um domínio de espaço que poucos possuem[12] [...]. [Resume o exposto dizendo:] Sim senhor: o espaço é "caldeiraria".

A cena é maluca, mas mostra um súbito olhar para dentro de si mesmo, querendo compreender o mistério de sua própria força. Um trecho delicioso, convicto, nada tímido,

---

11. São intimidades meio arrependidas, como ele mesmo diz. Entremeiam-se no texto e se concentram nos capítulos, O Funeral da Senhora Dalmases Bocabella e Outras Coisas Interessantes, e Lembranças Quase Esquecidas.
12. Ver supra, p.176.

sobre o aprendizado do material e da construção. Gaudí, o sublime construtor, também capaz de construir a porta do Palácio Güell com incrustações de marfim e de fragmentos de carapaças de tartaruga, em diálogo sacrificial fechado com o seu deus. Certamente bater latas não leva, facilmente, ao espaço do homem, com perdão pelo comentário insistente e óbvio, mas o objeto inventado termina impregnado de esforço físico, mãos, trabalho, convívio e inteligência humanos e, portanto, de humanidade, mas é outra coisa. É um estranho caminho à arquitetura. Caldeiraria?

A vontade do prefácio é comentar à medida que o leitor avança. Mas é impróprio e, felizmente, impossível.

Em "Gaudí, Homem Inacessível?", jeito ermitão, roupas pretas, chapéu desabado, mãos para trás, cabeça ereta, era carismático. No primeiro encontro, Cesar temia encontrá-lo, mas surpreende-se ao vê-lo pequeno, afável, solícito... interessado em se comunicar com as pessoas por meio de parábolas filosófico-científicas, como se fosse um profeta, imitava "o Divino Mestre".

Na língua e campo da platéia. Aos engenheiros, falava de estrutura e forças, comparadas ao gótico, que desprezava. Aos contábeis, falava desenvolto sobre equações financeiras, mostrava a dificuldade de conseguir recursos para o Templo e passava o chapéu, sem qualquer cerimônia, instrumento de deus. Tudo repassado de eloqüentes fragmentos de filosofia moral sobre a esmola: "a caridade que não contém um sacrifício não é caridade, mas simples vaidade", ver "A Fecundidade do Sacrifício". Em "O Apurado Sentido da Visão" improvisa aos médicos, discurso sobre os sentidos e, em particular: "O tato é essencialmente um sentido analítico, sem alcance. A visão, pelo contrário, é sintética. Aprecia-se a vida com os olhos", e acrescenta que "mediante o sentido da visão a onipotência de Deus pode ser melhor apreciada, e sem os olhos tornar-se-ia difícil vislumbrar a Glória Celestial". Aos comerciantes, discorre sobre arte e comércio. Os gregos eram grandes comerciantes quando as artes atingiram altíssima qualidade. Como as repúblicas navegantes

21

italianas, berço de outro grande momento da arte... Os comerciantes e os artistas têm visão de conjunto dos temas de que tratam... síntese... e prova-lhes o parentesco: "O comércio de Barcelona funda a Escola de Belas-Artes".

O caldeireiro vai além do martelo. Policromia. A "cor é vida, [...] arte, beleza e verdade". A ausência de cor é sinal de morte. Privilégio do Mediterrâneo: vê a "Influência da Latitude no Sentimento de Beleza".

Gaudí discute "A Aparente Riqueza de Barcelona", com holandeses... esses sim ricos em dinheiro, grandes comerciantes, fabricantes de cofres, fechaduras e trancas, admiradores, compradores e colecionadores das artes do sul; fala das mulheres de Barcelona, que podem se "enfeitar e sair gastando" pelas ruas... por causa do sol. As holandesas, caseiras que "num almoço dominical, cercadas por exigentes convivas, delapidam muito mais que nossas elegantes senhoras numa temporada". Por vezes, revela-se um argumentador polêmico. Há uma leve lubricidade no ar quando um cônego o estimula a falar sobre mulheres. Empolga-se... mas frustra a platéia e volta a Barcelona.

Em "A Estrutura Mecânica do Templo", Gaudí discorre sobre detalhes estruturais, abóbodas e parabolóides hiperbólicos e exibe seu domínio sobre a geometria. Delira... "a perfeita materialização da Santíssima Trindade"... duas retas infinitas e reversas, o Pai e o Filho, apóiam uma terceira que se desloca paralelamente a si mesma, e geram o Espírito Santo. Aqui, é a geratriz que gera a superfície, quando em outra parte dá a entender que são as retas reversas, geratrizes. Só, falando com Deus. Não é curioso que diga: "o gótico não passa de uma arte industrial, pois repete os elementos sem levar em conta suas proporções"? Diz que calcula tudo: "Deste modo é criada a forma lógica nascida da necessidade [...] das curvas de equilíbrio [...] gráficas e experimentalmente, iguais". Superior e categórico dá-nos a chave: "A base de todo raciocínio é a regra de três, a proporção matemática e o silogismo".

Possivelmente, um dos pontos altos é a exposição da concepção estrutural. O aluno transcreve corretamente as complexas idéias, por exemplo, quando lembra que a projeção do parabolóide sobre um plano perpendicular à geratriz a reduz a conjunto de raios de um círculo, mas seções redundam em elipses, parábolas e hipérboles... É impressionante que, de experimentos com fios tracionados e pesos controlados, intua formas e valores das abóbodas de massas comprimidas, de materiais diversos e funcionamento outro.

Admite, meio sem jeito, que não era capaz de desenhar plantas... Finge procurá-las sabendo que encontraria esboços e pequenos croquis. Diz-se incompetente, "preguiçoso", que não sabe desenhar. Tudo parece improvisado no canteiro de obras, segundo "os caprichos" de sua liturgia emocional. O simbolismo da Sagrada Família segue o Apocalipse, "a Igreja é uma árvore frondosa, sob a qual correm mananciais [...] pináculos são copas de árvores". Em "Mestria Estética da Liturgia": "Tudo é previsto pela liturgia", a iluminação natural dos templos, suas finalidades. Há extensas teorias sobre pianos, órgãos, melancolia e... sinos, formas, materiais, toques, sonoridades. Teoriza sobre esculturas que faz da observação de esqueletos; os modelos-vivos, não servem... e explica o porquê "conhecer as coisas a fundo para conhecer a verdade"...

Era um otimista. Como todo grande artista, observador dotado de aguda percepção, capacidade de raciocínio e sensibilidade, via e pensava o mundo físico e social, convivia e partilhava. Com recursos, acelerava as obras. Sem, tinha mais tempo para estudar-lhe os problemas que inventava e expandia. Essa capacidade de navegar sobre o ilimitado universo dava-lhe segurança e audácia, que terminam em conclusões extraordinárias. Ora fáceis de aceitar, ora espantosas, como as teorias sobre os sinos, sobre a escultura ou sobre... os suecos, as alegorias do juízo final ou sobre si mesmo. Ri dos "do norte" que não sentem a beleza, complicam as coisas, fazem filosofias obscuras e abstratas, que denotam carência de plasticidade... "eles deveriam dizer: duvido, logo não sei nada". Mas há augúrios pessimistas sobre a Espanha e "os russos". E continua discorrendo sobre monopólios...

Nas oitocentas páginas de sua *Storia dell'Architettura Moderna*[13], Zevi o cita apenas num capítulo menor, "La prima età dell'Architettura Moderna", com uma curta frase, "en la Spagna solo un genio isolato" (p. 62), e nos manda a uma mínima, inexpressiva e distante figura na p. 143, da Casa Milà. Gaudí aparece entre dezenas de nomes menos importantes, sem texto. Quando, na p. 87, volta ao "il genio di Antonio Gaudí", com destaques elogiosos – mas ignóbeis agressões, mal disfarçadas em seu palavrório boquirroto impressionístico –, que os leitores interessados deveriam ler. Agrega expressões como: "proporzioni espressionistiche" e "tortuoso di contintuità plástica". Valorizado não tanto pelo famoso goticizante Templo da Sagrada Família, mas pelo Parque Güell, pela Casa Batlò e pela Casa Milà, "a inventividade engenheiresca [...] o uso duvidoso de cerâmicas coloridas [...] Esposa uma alucinante fantasia naturalística e simbolista [...] de toda a escória telúrica de seus muros [...] promíscuos componentes culturais". Informa que, enquanto Wright foi reconhecido, entusiasticamente, em 1910, em Berlim, como sabemos, quando Mies ajoelhou-se em público, e passou a imitá-lo, durante certo tempo, "nem os arroubos estruturalísticos serviram para salvar Gaudí dos horríveis protestos contra sua exposição, na Societé Nationale de Beaux-Arts, no mesmo ano, em Paris". Maldades. O conhecimento é um processo injusto com o objeto amado.

"Barcelona era um centro estranho às correntes européias". O nome de Gaudí "não aparece nos textos de Behrendt, Giedeon, Whittick, é apenas uma nota em Pevsner", diz, não

---

13. Cf. Bruno Zevi, *Storia dell'Architettura Moderna*, Milano: Einaudi, 1950.

sem uma certa maldade e vaidade. "Somente uma consciência crítica desencalhada da poética racionalista [o rico estagiário de Wright durante a guerra, gozando-se a si mesmo] poderia reconhecer o encantamento dos átimos nos quais o seu magnetismo túrgido, brilhante e febril se torna arcana evocação". Enfim, um elogio sem jaça, Zevi deixa claro que quer ter a honra de ser o primeiro a exaltar Gaudí fora de Espanha.

Os primeiros alertas mais fortes nos chegaram em 1955, em apaixonada, trabalhosa e linda carta de muitas páginas, mandada de Barcelona por Vittorio Corinaldi[14], admirado colega de faculdade, maravilhado, em estado de choque diante do Templo da Sagrada Família, não apenas impregnada, mas constituída da pesada e personalística religiosidade de Gaudí. Discreto, elegante e silencioso Vittorio, antigo veneziano, ainda "em fuga do holocausto", analisava a obra e os surpreendentes detalhes, em barroca e emocionada comunicação arquitetônica. Parecia um devoto espanhol... o antigo membro das Juventudes Socialista e Sionista, em São Paulo, embevecido com as "pedras douradas" do templo cristão inacabado, sem teto, atravessado pelo sol de verão. A beleza das ruínas, um grande momento. Penso que a súbita visão da gigante matéria forma espaço construída, inesperada, teria atingido Vittorio com o impacto de verdadeiro "soco no estômago"[15], com que a grande arte, por vezes, nos acerta.

Liliana, minha mulher, e eu chegamos a dizer-nos que ele escrevera sob nostalgia de despedida, ao deixar-nos no Brasil rural a construir, com tantos problemas, em relação aos quais nos sentíamos responsáveis e devedores

14. Admirado colega de faculdade, recém-casado com Jaffa, um casal emigrante a caminho do Kibutz Bror Chail, em Israel.
15. Cf. Arnaldo D'Horta, Pintora Cumpre seu Destino, *Jornal da Tarde*, São Paulo, 2/4/1966. "[...] pinturas [...] Chegar a essa pintura soco no estômago [...] tratamento da cor por uma alma dilacerada [...] faz arte. Em cada quadro um mundo estatelado". Crítica à exposição de pinturas de Renina Katz.

sociais, objetos de nossas conversas dos últimos dias. As formas gaudianas pesaram-lhe imenso.

Éramos presunçosos iluministas, socialistas e democratas, no início da segunda metade do século xx. Estudávamos livros e revistas de arquitetura do pós-guerra, pobremente ilustrados e mal impressos, geometria em apostilas italianas garimpadas, difíceis de ler. Nosso "fervor semântico e expressivo"[16] consumia-se à procura da Arquitetura e Cidade de "Masas"[17], aprendidas de fragmentos ao acaso e de alguns professores inesquecíveis. Não éramos minimalistas estéticos, mas, anticonsumistas, admirávamos a sobriedade e o rigor construtivo, tanto quanto nossos erros, "como passos na direção do mais belo"[18] e justo... Por coerência, tínhamos reservas à Contra-Reforma e ao Barroco e sua história, que, entretanto, carregávamos, eram nossos.

Estávamos distantes da Espanha e da Igreja católica retrógrada e vinculada ao Estado fascista, um país que não vivera a Revolução Francesa. Por outro lado, estávamos interessados nos movimentos político-sociais e culturais que atravessavam a Europa, nos movimentos operários franceses e italianos e no trabalho das missões religiosas que trabalhavam na África, Ásia e América Latina. Éramos leitores da notável revista *L'Art Sacrée*, com sua inspirada análise crítica, rara beleza, que apresentava projetos de grande sensibilidade social e altos conceitos sobre arquitetura e arte, caracterizados por uma consciência abrangente dos problemas do mundo. Havia a resistência arrasada de Arbenz na Guatemala, em 1954, e logo após, vitoriosa em Cuba, em 1956. Líamos Marx e a literatura socialista, sobretudo francesa, trabalhávamos com o planejador Louis Joseph Lebret e seus colaboradores, Chombart de Lauwe e

16. Giuseppe Ungaretti sobre a natureza do trabalho poético, que nos encantava e parecia universal como essência do tormento criativo, em inesquecível fragmento de sua última conferência, realizada em São Paulo.
17. Cf. José Ortega y Gasset, op. cit.
18. Cf. Paul Valéry, op. cit.

R. Delprat, em SAGMACS[19]. A carta de Vittorio foi para nós uma pesada advertência.

Nossa Faculdade de Arquitetura desmembrara-se da Escola Politécnica da Universidade de São Paulo, cuja Congregação a dirigia desde o início. Nos primeiros tempos, predominava uma concepção estratégica que reduzia a arquitetura à forma e ao desenho, acompanhados de um discurso social superficial e abstrato. A construção, que inere à sua natureza, a *firmitas* vitruviana, era quase inimiga incompreendida e desprezada referência, não interessava, era coisa de engenheiro, o "engenheirático", como diziam os arquitetos Luis Saia e Villanova Artigas[20], eles mesmos grandes construtores formados na "Poli", para libertar-nos do que lhes parecia um peso intelectual e administrativo excessivo sobre a escola nascente, equivocada escolha, sempre questionada, que até hoje marca, e compromete, o ensino de arquitetura no Brasil, em virtude de certa liderança que passou a ser exercida pela FAU/USP.

Aprendêramos, porém, de muitos lados, que a forma emergia de condições locais – como o lugar, o sítio e sua infra-estrutura histórica –, da sociedade e seus recursos, portanto, do tempo, e dependia, essencialmente, da construção rigorosa, aspectos soterrados pelo triunfo arrogante da autonomia da forma[21] na "Arquitetura-Moderna-Brasileira".

Lina Bardi[22] conhecia muito bem "as obras", que descrevia em êxtase, de viagens com Pietro Bardi, antes da vinda ao Brasil. Citava Gaudí em seus trabalhos, o que

---

19. Louis Joseph Lebret é consultor da ONU, um dos criadores do Planejamento Regional, criador das expressões como *sous-développement* e *tiers-monde*, aplicadas à geopolítica, e fundador de Economia e Humanismo. SAGMACS é Sociedade de Análises Gráficas e Mecanográficas Aplicadas aos Complexos Sociais.
20. Admirados professores, mais velhos, fundadores da FAU/USP.
21. Cf. os trabalhos de Silke Kapp, professora de projeto na FAU/UFMG, autora de textos muito interessantes sobre a autonomia e a heteronomia da forma.
22. Cf. Joaquim Guedes, Lembrança de Lina Bo Bardi, *Caramelo 4*, São Paulo: Grêmio da FAU/USP, 1992.

víamos como exageros lúdicos em momentos de falência do conceito. Por outro lado, a intensidade contundente dos seus discursos admirativos paralisava-nos, também pela contradição entre uma crise romântica extemporânea, inaceitável no grande arquiteto, e a razão agnóstica de sua forte presença intelectual e política em São Paulo. Tudo motivo de grandes discussões.

Tive Lina por guia em Barcelona. Vínhamos do XII Congresso Internacional de Arquitetos da UIA em Madri, em 1975. Ela estava tão alegre e encantada com o reencontro com Gaudí que eu sentia não estar à altura de sua experiência e do prazer que nos comunicava e expandia por toda Barcelona. Luz, comida, as feiras, cheiros, os amigos. Também as Ramblas, a Cidade Gótica, o Porto, o solene Oriol Bohigas, Federico Correa, Tusquets e os Conde, Miguel Pereira, os nomes esquecidos. Nunca vi alguém tão transportado de admiração diante de uma obra de arte, como Lina diante de Gaudí.

Joaquim Guedes*

---

* Doutor em Planejamento Urbano pela FAUUSP, onde lecionou e foi professor titular. Entre 1970 e 1973, foi diretor e professor associado ao Instituto de Arquitetura e Urbanismo de Estrasburgo.

INTRODUÇÃO

*A sabedoria dos anjos consiste em atingir
diretamente as questões do espaço sem passar
pelas do plano*

GAUDÍ

Antoni Gaudí i Cornet nasceu a 25 de junho de 1852, na cidade de Reus, na Catalunha, filho de caldeireiros. Costumava afirmar que herdara de seus ancestrais a exímia visão do espaço, e as excepcionais condições de luz da Tarragona haviam-lhe regalado tanto a acuidade visual como seu temperamento difícil, sempre sujeito a compulsivos ataques de cólera. Como diz o provérbio catalão "Gent del Camp, gent de llamp" (Gente do Campo, gente do raio) as pessoas do Campo de Tarragona costumam ter este tipo de comportamento. Quando Gaudí estava construindo o

Colégio das Teresianas, o padre Osó, que lhe incumbira do projeto, tinha a mania de dar tantos palpites sobre a obra que Gaudí acabou por mandar-lhe que "fosse rezar a missa…". Os cônegos de León sumariamente o despediram, pois seu trabalho na Catedral de Mallorca causava tanta polêmica que imploraram ao arquiteto Rubió que o levasse de lá o mais rápido possível. Um desentendimento com a família Milá, proprietária da "Pedrera", foi parar nos tribunais por causa de uma desavença sobre seus honorários, e Gaudí, após ganhar a causa, doou tudo que recebera aos pobres. Quando a prefeitura quis embargar a obra da Casa Milá por esta destoar do alinhamento urbano, com suas formas sinuosas e bizarras, Gaudí ameaçou fixar em sua fachada uma placa com os nomes dos funcionários que pretendiam fazer a demolição parcial do edifício. A atitude prepotente e arbitrária destes ficaria então tombada pela posteridade num local central de Barcelona. Acabaram por voltar atrás, classificando a construção como um caso fora do comum, sujeito a normas especiais.

Sua formação como arquiteto também foi problemática. Na Escola Provincial de Arquitetura de Barcelona era péssimo aluno sendo sistematicamente reprovado pela maioria dos professores. Graduou-se com a nota mínima, pois seu temperamento anti-acadêmico jamais conseguiu adaptar-se a um programa universitário, seja como aluno ou professor. Neste período, para custear seus estudos, trabalha como assistente dos arquitetos Joan Martorell e Francesc de Paula del Villar como também com o mestre-de-obras Josep Fontseré. Este último era maçom e Gaudí, após inúmeras conversas sobre os princípios da arquitetura sagrada, teria ingressado na maçonaria. A simbologia maçônica permeia toda a sua obra, sendo um dos principais fatores para entendê-la.

Barcelona vive nesta época um período de grande prosperidade. Um desenvolvimento industrial sem precedentes, concebido no modelo inglês e dos Países Baixos, a tornaria capital econômica da Espanha. Além disso, um grande volume de recursos entrara na Catalunha com o retorno dos empresários escravocratas e latifundiários da América e Filipinas. Estes novos-ricos estavam ansiosos por limpar seu passado, promovendo grandes manifestações de caráter cultural e religioso. Mas esse desenfreado progresso industrial acabaria por gerar um conflito social de idênticas proporções. Rebeliões populares eram cada vez mais freqüentes nos bairros operários. Gaudí, neste período, além de anticlerical era também anarquista. Em 1878 projeta os galpões industriais, as escolas, as áreas de convívio social e as moradias da Cooperativa Obreira Mataronense, de orientação anarquista.

A Cooperativa Obreira Mataronense

Nesta obra, Gaudí pela primeira vez utilizará uma criação que orientará todas as suas obras vindouras: o arco parabólico ou curva de equilíbrio. Seu princípio é simples: se suspendermos uma corrente com as duas mãos estendidas paralelamente, esta formará uma curva perfeita. A gravidade engendrará uma curva parabólica onde todas as forças se disporão de maneira harmônica. Se hipoteticamente a virarmos para cima e substituirmos seus elos por blocos de pedra, teremos um arco arquitetônico perfeito. A linha de tensão por onde passam as forças é a catenária. Neste arco perfeito (arco mecânico), as linhas de pressão seguem a catenária. Gaudí observa então que a natureza revela-nos estruturas sábias e perfeitamente engendradas. Certa vez, ao apontar uma árvore ao lado do seu escritório de obras afirmou: "Este cipreste; eis meu mestre!". Quando foi tomar as medidas para a construção da Casa Vicens, o terreno estava coberto por flores amarelas cuja forma estilizada tomou como tema e padrão ornamental para os ladrilhos. A estrutura das palmeiras encontradas no local fora moldada em ferro fundido e dá forma aos pilares do portal. A arquitetura de Gaudí é essencialmente orgânica e biológica, onde as curvas de equilíbrio, os blocos de pedra, os mosaicos e os demais elementos construtivos se sucedem numa progressão celular policromática e pulsante como a própria vida.

O Templo Expiatório da Sagrada Família

O empresário e mecenas catalão Eusébio Güell fica muito impressionado com o estande de uma indústria espanhola projetado por Gaudí na Exposição Internacional de Paris. Em 1883, ele o convida para remodelar sua fazenda nos arredores de Barcelona. Uma confraria religiosa, a Organização dos Devotos de São José, temendo as catástrofes que assolariam a humanidade nos séculos vindouros (segundo eles, o Apocalipse) resolve lançar-se ao projeto utópico de uma gigantesca catedral que pudesse expiar os pecados de milhares de pessoas no Fim dos Tempos. Gaudí, que acreditava seriamente nesta possibilidade (ornaria o Templo Expiatório da Sagrada Família com inúmeros motivos inspirados no Apocalipse), assume, em 1884, a direção da obra. Seu projeto é extremamente original e profético e, além disso, não cobra praticamente nada pelo trabalho. O escritório de obras da Sagrada Família, lugar em que ocorreria a maior parte das conversas presentes neste livro, era um verdadeiro laboratório alquímico, onde em vez de utilizar-se de esboços e plantas, manipulava-se diretamente a matéria. Neste espaço dispunha-se um modelo feito de arame do hiperbolóide parabólico, que, segundo Gaudí, dá origem a toda arquitetura. Sobre sua prancheta perfilavam-se os sólidos perfeitos de Platão (descritos no *Timeu*) o cubo (terra), o icosaedro (água), o tetraedro (fogo), o octaedro (ar) e o dodecaedro (éter), moldados em vidro transparente colorido que iridesciam à luz do sol, além de miríades de conchas e formas biológicas. Estas configurações da natureza inspirariam o caráter orgânico, molecular e biológico de sua obra. Ao lado da prancheta dispunha-se uma pequena cama onde o arquiteto costumava dormir em noites de tempestade.

O Palácio Güell

Em 1886, Eusébio Güell resolve convidá-lo para conceber o projeto do Palácio Güell. Uma intensa afinidade de espíritos os unirá dali para frente e Güell proverá os recursos necessários para que o genial arquiteto possa exercer livremente sua criatividade sem nenhum tipo de pressão ou restrições. Este magnífico palácio serviria também ao empresário para camuflar sua condição de novo-rico e para, ao mesmo tempo, dar condições a ele de se aproximar da nobreza espanhola. O Palácio Güell (1886/1888) foi, certa vez, definido como "O delírio de um arquiteto veneziano renascentista". Gaudí vislumbra em sua construção que o século xx seria um século de síntese e mescla no Palácio Güell (como faria depois com seus mosaicos de ladrilhos quebrados, os "trincadis"), amalgamando vários estilos como o gótico, o islâmico, o neobarroco, o *art nouveau* entre outros. Esta bizarra montagem regala ao palácio um caráter fantástico e onírico, em que os mais diversos estilos justapõem-se ludicamente como peças de Lego, sob uma majestosa cúpula islâmica (esta estética seria retomada pelo pós-modernismo). Em 1888, o Palácio Güell é inaugurado com a presença da família real, que posteriormente outorgaria a Güell o título de conde. O Palácio Güell não pontifica apenas o estilo pessoal de Gaudí algo totalmente original, como também afirma e emancipa o modernismo espanhol que, a partir da obra deste arquiteto, deixaria de ser simples reflexo do *art nouveau* francês, do *Jugendstil* alemão e do *Liberty Style* inglês. Gaudí anuncia uma nova estética: seus mosaicos de ladrilhos quebrados, os "trincadis", não podem ser linearmente vinculados ao *art nouveau*, mas seriam os grandes precursores do cubismo (Picasso e Braque os adoravam). Gaudí detém um código plástico novo. O "trincadis" inaugura a estética fragmentária do cubismo. As formas orgânicas e originais do Templo da Sagrada Família, que lembram um castelo de pingos de areia, serão totalmente desvinculadas das influências da arte de sua época. Certa vez, no alto de suas torres, encontrei-me com um grupo de turistas franceses que, munidos de seu peculiar espírito cartesiano, não paravam de reclamar: "Mas será que este arquiteto não tinha régua?".

A Colônia Güell

O ano de 1888 marca também grandes convulsões sociais e um vigoroso crescimento do movimento anarquista. Em meio a esta turbulência, Gaudí aconselha a Güell que construa, para seus operários, algo análogo à Cooperativa Obreira Mataronense. Desta idéia surgirá a Colônia Güell. Erigida nas imediações de Barcelona, compunha-se de um núcleo central de máquinas a vapor que distribuía energia às demais unidades industriais, uma colônia operária dotada de amplas áreas de convivência e uma igreja. Este templo, do qual apenas conseguiu-se erguer a cripta, é poligonal e as colunas que rodeiam o altar são inclinadas e seguem as linhas de força. Tudo neste santuário é orgânico e a abóbada tem a forma de vértebras de uma gigantesca caixa torácica. Tudo pulsa e respira biologicamente e se engendra na série de Fibonacci: 1, 2, 3, 5, 8, 13, 21 etc. Sua decoração é despojada e austera, dispensando ornamentações rebuscadas em sua imponente estrutura sagrada. Pela primeira vez, Gaudí utilizará em seu projeto o método de atar pesinhos a um grande pedaço de pano (ou uma rede de fios) suspenso horizontalmente, cujo volume engendrado pela lei da gravidade dava forma ao templo. O conjunto, devidamente fotografado, era invertido, obtendo-se assim a estrutura final: arcos, abóbadas, pilastras, zimbórios, balaústres e ogivas eram simétricos, orgânicos e perfeitamente equilibrados. Esta seria sua famosa "maquete estéreo-estática".

Ninguém jamais ousara utilizar este insólito processo. Com os pesinhos proporcionados, as linhas de tensão estariam já calculadas e prontas para a edificação. Desta maneira Gaudí conseguia criar soluções construtivas para problema que a engenharia da época não estava preparada para resolver através dos métodos tradicionais.

O Parque Güell

O conde Güell, inspirado pelas idéias do paisagista inglês Ebenezer Howard, decide erigir, numa montanha nos arredores de Barcelona, uma cidade-jardim onde, em meio à vegetação e a áreas de lazer, lotes seriam vendidos à alta burguesia. Gaudí é então convidado a conceber este projeto que seguiria a ideologia antiurbana de Güell, que apontava as grandes cidades como responsáveis pela violência e outros males sociais. Sessenta lotes triangulares seriam postos a venda neste luxuoso empreendimento residencial. Gaudí criará então o Parque Güell, onde natureza e arquitetura entrelaçam-se em perfeita harmonia.

Para a construção Gaudí aproveita as pedras locais, ajardinando o Parque com as mesmas plantas que lá se encontravam. Constrói um depurador de água pluvial (feito com várias camadas de cascalho) cuja torrente cristalina emerge da boca de um majestoso dragão. É difícil descrever o Parque Güell; formas sinuosas e policromáticas, que parecem ter sido criadas pelas mãos de um arquiteto-confeiteiro, dispõem-se ludicamente entre uma exuberante e extensa vegetação. Ao sairmos da estação de metrô Lesseps, galgamos uma íngreme ladeira e somos surpreendidos por uma visão fantástica e onírica que jamais poderá ser esquecida. O pentagrama invertido inscrito nas letras *art nouveau* do nome Park Güel que se dispõe na entrada, signo de Baphomet, parece indicar-nos que Gaudí estaria, além da maçonaria, vinculado também à Ordem dos Cavaleiros Templários.

Mas o que realmente caracteriza o Parque Güell são os serpenteantes bancos de "trincadis", mosaicos multicores compostos pessoalmente por Gaudí com ladrilhos quebrados. É impressionante a beleza desta construção policrômica em que se mesclam pedaços de ladrilhos gregos, mediterrâneos, venezianos, portugueses etc. É uma obra de síntese. Em meio a imponentes colunas, abóbadas se sucedem ornadas com "trincadis" de ladrilhos brancos que refratam cores esplêndidas como o amarelo, o vermelho, o lilás, o azul e o verde em tons muito claros. Gaudí decorou com maestria cada detalhe com seu perfeccionismo e extrema sensibilidade. As construções acompanham as linhas de força da natureza: fileiras de palmeiras parecem transformar-se em colunas e vice-versa.

Gaudí dizia-se descendente direto da civilização greco-romana, afirmando que entre o povo do Campo de Tarragona poderíamos encontrar os mesmos perfis estampados nas moedas romanas. Profetiza a cultura policromática mediterrânea (costumava comentar que seus olhos eram azuis como os de Palas Athena). "Os gregos, que tinham um mármore pentélico, branco como o açúcar, não deixaram de orná-lo com cores vivas e brilhantes" (colorido que desapareceu com o tempo). Tenta transpor para Barcelona o esplendor helênico da Antigüidade clássica.

O Parque Güell é inaugurado em 1914 e torna-se um grande fracasso financeiro. Os burgueses ricos tinham receio de sair do centro da cidade e, além disso, a construção foi considerada exótica demais.

O renomado filósofo e semiólogo alemão Abraham Moles referiu-se ao Parque Güell como um dos maiores exemplos do *kitsch* e do mau gosto arquitetônico de todos os tempos. Gaudí decerto teria pena deste acadêmico do norte da Europa nascido numa região carente de luz solar que, sem dúvida, o levara à total cegueira estética.

Gaudí contrapõe dois tipos básicos de conhecimento: o da geometria desenvolvido tanto pelos habitantes das regiões carentes de luz, como do norte da Europa, como por aqueles que recebem excesso de luz, como os povos das zonas tórridas. Não conseguindo ver direito, estes povos acabam por engendrar uma geometria analítica como a dos alemães (carentes de luz solar) e a dos povos tribais das zonas equatoriais (excesso de luz solar). A estes dois tipos de conhecimento, Gaudí contrapõe a sapiência dos mediterrâneos, banhados por uma luz solar equilibrada (incidente a 45 graus), cuja acuidade visual lhes permitiria uma estética apurada e o verdadeiro conhecimento da realidade (analógico, molecular, orgânico e biológico). Segundo Gaudí, esta acuidade visual não apenas beneficiaria e tornaria possível uma arte exuberante, como também favoreceria a visão econômica e o tino comercial destes povos.

Dos sessenta lotes, apenas três acabaram por ser ocupados: por Güell, Gaudí e um médico anestesista. Gaudí muda-se para o Parque, e lá passa a residir com seu pai e sua sobrinha. Levam uma vida austera, alimentando-se apenas de leite, frutas e verduras, embora sua sobrinha fosse cada vez mais dependente do absinto.

A Casa Milá

No início do século, Barcelona prospera cada vez mais e Gaudí começa a adquirir grande fama tanto na Espanha como no exterior. O Paseo de Gracia é um ponto central da cidade, onde até hoje os homens de negócios costumam se encontrar. O empresário Père Milá i Camps pertencia a uma das mais tradicionais e importantes famílias da Catalunha e detinha uma intensa vida social. Casara-se com Roser Segimon, viúva de um latifundiário de Cuba que lhe legara uma imensa fortuna. Em 1906 o casal encomenda a Gaudí o projeto de um grande edifício num terreno de 1000m^2 situado em pleno Paseo de Gracia. Neste condomínio, a família Milá pretendia também fixar sua residência. A Casa Milá, que ficaria famosa por sua fachada de formas "liquefeitas" e por sua coberta ornada por bizarras chaminés, é considerada uma das mais importantes obras arquitetônicas do século XX, tombada pelo Patrimônio Cultural da Unesco em 1984. Nela não há sequer uma linha reta. Por muito tempo esteve fechada à visitação pública até que, em 1986, a Fundação Caixa Catalunya a comprou e restaurou. Embora seu nome oficial seja Casa Milá, é carinhosamente chamada pela população de Barcelona como La Pedrera, pois sua fachada lembra esta formação geológica. Possui dois pátios internos; um circular e outro oval que se comunicam entre si, pois Gaudí queria criar um espaço lúdico e de interação entre os condôminos. Certa vez, a fachada da Casa Milá foi descrita como "A maior escultura abstrata do mundo". Suas formas sinuosas de pedra parecem estar se derretendo como lava em seus relevos ondulantes. Fantásticas também são as grades de ferro retorcido dos terraços (Gaudí tomara as algas como modelo) engendradas num estilo *art nouveau* extremo e alucinado. Salvador Dalí se inspiraria nas formas desta fachada para criar seus lendários relógios disformes (os surrealistas foram os primeiros a defender o valor estético da obra de Gaudí após sua morte). Na Casa Milá, o ritmo musical de suas reentrâncias e saliências é modulado pelos mais variados matizes da luz solar. Na cobertura, as chaminés, caixas d'água e torres de ventilação exibem curiosas formas antropomórficas, verdadeiras obras-primas da escultura modernista. Dotado de um estilo único e pessoal "provindo de outro planeta", Gaudí engendra estas esculturas funcionais (algumas cobertas por "trincadis") compostas por sólidos parabólicos, helicoidais e tronco-piramidais. A cobertura é dupla pois Gaudí costumava comentar que "Os edifícios deveriam ter duas camadas no teto, como os homens que usam chapéu e guarda-chuva".

Os gastos na construção exorbitaram em muito as previsões iniciais e, com a morte de Père Milá, sua esposa Roser Segimon, que a princípio demonstrara certa simpatia por Gaudí devido a ser também de Reus, começa a ter sérios atritos com o arquiteto. Tanto Père Milá como o conde Güell sempre deram carta branca a Gaudí, e jamais lhe haviam feito qualquer tipo de imposição, mas Roser, radicalmente avessa a modernismos, insistia em decorar a Casa Milá com uma mobília tipo Luís xv de gosto duvidoso. Extremamente detalhista, Gaudí concebia suas construções como obras de arte totalizantes, em que todos os elementos seguiam uma diretriz estética determinada (que incluía até a mobília, ornamentos, torneiras etc.). Além disso, a prefeitura tentava embargar a obra por esta destoar do alinhamento urbano do Paseo de Gracia. Mas em 1909 seus tapumes foram retirados e a Casa Milá foi finalmente inaugurada sob o espanto geral da população.

Uma violenta revolta social conhecida como A Semana Trágica eclode em Barcelona nesta época: edifícios são incendiados e saqueados, templos são profanados e a polícia reprime violentamente os anarquistas, bombardeando os bairros operários. Este verdadeiro prenúncio da Guerra Civil, que poucos anos depois assolaria a Espanha, faz o arquiteto refugiar-se em sua casa no Parque Güell. Nesta época morrem seu pai, sua sobrinha e o conde Güell. O arquiteto, solitário, idoso e enfermo, resolve dedicar sua vida à construção da Catedral da Sagrada Família, pois seria sua magna obra que transcenderia todas as épocas e estilos. Sem recursos (doara tudo à construção do Templo), família ou clientes, poderia dispor de todo o tempo para criar o projeto em todos os seus detalhes.

Conversas com Gaudí

A partir de 1915, os burgueses ricos começam a perder o interesse pela obra de Gaudí preferindo as formas racionais e retilíneas de uma arquitetura moderna cujos princípios norteariam, por sua funcionalidade e baixo custo, a arquitetura vindoura. Mas é precisamente neste difícil momento, quando Gaudí vê-se abandonado até por seus amigos mais próximos (fugiam dele na rua temendo que lhes pedisse contribuições para o Templo), que o jovem estudante de arquitetura Cesar Martinell o procura, primeiro freqüentando assiduamente as visitações públicas para universitários que ocorriam na Sagrada Família (nas quais os ensinamentos de Gaudí foram minuciosamente anotados) e posteriormente como seu amigo pessoal. Destas conversas, nas quais Gaudí revelaria sua estética e seu pensamento inovador, surgirá o presente volume. Gaudí, além de extremamente fechado, odiava escrever e apenas legou-nos um diário, parcos esboços e anotações construtivas (nem ao menos temos uma planta geral da Sagrada Família). Este fantástico universo seria perdido se não ocorresse a brilhante e oportuna iniciativa deste jovem estudante em registrar suas palavras. Embora esquecido pelos ricos mecenas da burguesia e considerado louco pelos "luminares" acadêmicos deste período, o interesse por sua obra era crescente entre os estudantes de arquitetura que vislumbravam nela algo de mágico e profético. Gaudí nem sequer era mencionado nos cursos da Escola de Arquitetura pela maioria dos professores dado o caráter polêmico e revolucionário de sua obra. Logo após sua morte, surgiria em Barcelona o movimento "noucentista", que abominava o modernismo e propunha a pura e simples demolição desta arquitetura considerada como degenerada, horrível e inaceitável.

Em seus últimos anos, Gaudí leva uma vida monástica, acordando cedo, em sua casa no Parque Güell, ao nascer do sol e, após assistir a missa no centro da cidade, rumava à Sagrada Família onde permanecia por todo o dia. Ao cair da noite pegava o bonde até o ponto final e voltava caminhando para o Parque. No outono de 1925 passaria definitivamente a residir no escritório de projetos da Sagrada Família. As obras estavam praticamente paradas por falta de contribuições e ele, sem recursos, não se importava com isso pois costumava comentar que a construção do Templo (como de todas as maiores catedrais do mundo) fora projetada para prolongar-se por vários séculos (a conclusão está prevista para 2060). Segundo sua visão apocalíptica, seria o "Último Arquiteto sob a Última Catedral". O poeta inglês William Wordsworth (1770-1850) legou-nos uma profunda reflexão poética sobre a questão do financiamento governamental da construção de um templo:

Na Capela do King's College, Cambridge

Não critiques o rei por gastar de sobra,
Por idealismo planejou este Arquiteto
Embora para um grupo restrito e seleto
De estudiosos de toga branca – Esta Obra
Imensa e gloriosa de refinado intelecto!
Dê tudo o que puderes; O Céu recusa a mesquinhez
De orçamentos medidos, menos ou mais desta vez;
Assim pensou aquele que ergueu para os sentidos
Estes altivos pilares no teto ramificados
Arrojando dez mil fragmentos
De luz e sombra onde o som por uns momentos
Se sustém a vagar relutante em morrer;
Como pensamentos cuja doçura e afeto
Provam que para a imortalidade vieram a nascer.

Wordsworth[1]

Gaudí, Arquiteto-Luthier

Algo ainda pouco estudado e discutido é a dimensão acústica da arquitetura de Gaudí. Suas construções reverberam e são verdadeiros instrumentos musicais. Gaudí, verdadeiro "arquiteto-luthier", entendia profundamente de acústica, chegando até a projetar pessoalmente os sinos da Sagrada Família (o oitavo capítulo deste livro é praticamente dedicado à acústica). Tive a oportunidade de tocar *sitar* nas torres da Sagrada Família e constatar a ressonância

---

1. Tradução de Alberto Marsicano e John Milton.

de sua estrutura espiralada[2]. Na base deste santuário existe uma pequena construção, a escola, que detém uma curiosa cobertura ondulada (1909/1910) engendrada numa inovadora forma lógica e geométrica. Esta construção despertou enorme interesse no grande arquiteto francês Le Corbusier, que a considerou precursora de tudo que aconteceria na arquitetura do século xx.

A 7 de junho de 1926, Gaudí é atropelado por um bonde quando atravessava a rua. Vários carros passaram sem socorrê-lo até que finalmente foi levado a um pronto-socorro. Vestia-se de maneira descuidada (costumava andar como um maltrapilho) e carregava uma *Bíblia* na mão. Não o reconheceram e foi internado como indigente sem receber praticamente nenhum cuidado. Quando o descobriram já era tarde e Gaudí morreu três dias depois.

O Legado de Gaudí

Seu renome é cada vez maior, e suas obras acabaram por tornar-se um ícone para Barcelona, atraindo anualmente milhares de turistas a esta cidade (como ele previra). Estudado nas mais importantes universidades de arquitetura e engenharia do mundo, é hoje considerado um dos maiores expoentes da arte de todos os tempos. Sua obra firmou-se definitivamente como um verdadeiro fenômeno no mundo da arquitetura. Espero que você, leitor, possa a cada capítulo visitá-lo junto a Cesar Martinell e compartilhar estas deliciosas e iluminadas conversas com Gaudí.

Alberto Marsicano

---

2. A sonoridade e reverberação das torres da Sagrada Família pode ser ouvida na música "A Sitar Tribute to Gaudí" disponível no *site* www.marsicano.tk.

1. GAUDÍ, HOMEM INACESSÍVEL?

[Novembro de 1949]

Primeiro Enfoque do Arquiteto e do Templo

Em meus tempos de estudante, Gaudí se encontrava na eclosão de sua fama. Terminada a Casa Milà do Paseo de Gracia, o eminente arquiteto encerrou-se no Templo da Sagrada Família, com a intenção de não intervir em outras obras. Coisas prodigiosas eram comentadas sobre suas soluções construtivas. Segundo os que o conheciam, todas as suas intervenções se constituíam numa lição impressionante. Com seu genial vislumbre iluminava novas regiões desconhecidas, que superavam os limites do tradicional. Sua profunda visão se enraizava na natureza e nos estilos para obter resultados efetivos. Seu talento alçava-se até o cume da arte com o louvável desejo de legar à arquitetura do Templo resplendores de verdade eterna.

43

Na faculdade de arquitetura este talento de Gaudí era considerado revolucionário por quase todos os professores, e o espírito ávido por novidades dos estudantes fazia com que as teorias gaudianas adquirissem muita força e fossem aceitas com fé, fruto de uma admiração mais sentimental que consciente.

Semelhante atmosfera estudantil levou-me a "descobrir" o Templo, que apenas conhecia superficialmente. Até então ainda não se havia convertido num centro turístico catalogado pelos guias, e suas torres, que lentamente se erguiam a céu aberto, não produziam o magnetismo logo exercido sobre todas as pessoas de cultura que passassem por Barcelona. Para visitar o interior da fachada do Nascimento, era necessário pedir à responsável pela portaria do galpão dos escritórios de obras que abrisse o acesso à escada em caracol. Podia-se, então, desfrutar calmamente aquela arquitetura vivíssima e extremamente acolhedora. Cada ponto de vista, cada detalhe, aqueles elementos puramente decorativos quando observados de fora, mas práticos ao serem vistos por dentro, as passarelas, os inesperados mirantes... Tais descobertas me impressionaram profundamente. Jamais havia visto, nem veria depois, ou sequer poderia ter imaginado que a pedra pudesse alcançar tal grandiosidade enquanto elemento geológico e de intimidade tão humana como aquela fachada, semiconstruída, vista por dentro. Algumas tardes de domingo, deixara-me cativar por todos os matizes de sol reverberando maravilhosamente a miríade de belas e sapientes superfícies que, em certos momentos, pareciam adquirir o palpitar de uma autêntica vida.

Na verdade, tais visitas não apenas satisfaziam minha curiosidade estética, mas aumentavam meu interesse por conhecer o lado científico, os simbolismos que pressentia e, como um ideal remoto quase inatingível, o arquiteto que engendrara aquilo que tanto me impressionava. Na faculdade, os temas gaudianos surgiam freqüentemente nas conversas entre alunos. Falávamos dele e de sua arquitetura mas, segundo os poucos que o conheciam, socialmente era tão intratável que se tornara inacessível à maioria dos mortais. Começávamos a captar a obra de Gaudí através da observação direta, dos comentários e, de vez em quando, nas aulas, quando alguma alusão a suas teorias científicas era feita. Mas o arquiteto criador daquelas formas que tanto admirávamos, sem entretanto comprendê-las, era para nós um ser misterioso, detentor de algo sobrenatural.

Certo dia, ao sair de uma visita ao Templo, um entusiasta da obra que me acompanhava perguntou-me como era Gaudí fisicamente. Não pude responder-lhe, pois jamais o havia visto. Nem me lembro ao certo se na época tinha alguma imagem concreta de sua fisionomia. Naquele momento, quando da base das torres nos dirigíamos à rua, entrevimos sair do pavilhão dos escritórios de obras um velho de barba branca, modestamente trajado de negro, usando um chapéu flexível, e de cabeça ereta, com as mãos cruzadas nas costas. Comentei com ele que a curiosa figura poderia ser Gaudí. Posteriormente constatei que aquele era realmente o genial arquiteto que tanto desejava conhecer e cuja fama o tornara inacessível.

Umas Portas Que se Abrem

Naquele tempo, as finanças do Templo atravessavam um período crítico provocado periodicamente pela irregularidade na construção e pelo barateamento do valor dos ingressos. Isto fez com que o escritório de obras, até então exclusivo apenas a um pequeno número de profissionais, fosse aberto à visitação pública, o que resultou num considerável aumento das contribuições tão necessárias à obra. Em janeiro de 1915, aproveitando uma destas visitas coletivas, escutei pela primeira vez a voz de Gaudí. Acredito que desde então passei a assistir à maioria destas visitas efetuadas pelos alunos de diversas faculdades de Barcelona e comecei a compreender o grande significado da arquitetura de Gaudí cuja obra-prima é a Sagrada Família.

Estas visitas despertaram cada vez mais meu interesse pela obra e minha admiração pelo mestre. A cada grupo de visitantes, ele explicava pacientemente a construção, a arte e o simbolismo do Templo. As preleções variavam de acordo com os ouvintes. Aos estudantes de engenharia, ele falava sobre parabolóides, curvas de equilíbrio e resistência de materiais. Aos da faculdade de economia explicava as íntimas relações, insuspeitas por nós, entre o comércio e a arquitetura. Para os futuros arquitetos, divagava brilhantemente sobre a beleza das formas mecânicas, filosofando sobre elas, e vinculando-as ao Templo com os liames da Harmonia Universal, demonstrava a convergência à unidade suprema que rege os destinos do Cosmos.

Nestas conversas Gaudí sempre insistia no conceito de que a arquitetura é a mais social de todas as belas-artes e abarca as mais elevadas aptidões. É isto que ele tentava incutir nos que o rodeavam, fazendo com que todos saíssem persuadidos de que o Templo da Sagrada Família era algo intimamente ligado não apenas aos nossos sentimentos como também à nossa própria vida.

A primeira vez que o ouvi fiquei tão vivamente impressionado que não pude resistir à tentação de registrar num papel suas ilustrativas palavras, com receio de posteriormente esquecê-las. Este livro que tens nas mãos, caro leitor, é a reprodução fiel destas inesquecíveis conversas.

Quando as preleções coletivas foram encerradas, visitei-o pessoalmente valendo-me de meu companheiro de estudos Francisco Folguera, que tinha livre acesso ao escritório de obras. A amabilidade com que fomos recebidos e a lembrança do convite que ele nos havia feito numa das visitas anteriores fizeram-me intuir que aquela porta com fechadura cifrada havia se aberto para mim. Não me enganara. Assim que concluí a faculdade organizaria uma mostra pró Sagrada Família em minha cidade natal, Tarragona, com um considerável resultado econômico. Isto veio a favorecer meu ingresso definitivo no restrito círculo dos "iniciados" que freqüentavam aquele lugar, como tanto tinha desejado.

Gaudí Visto de Perto

Naqueles tempos Gaudí vivia num pavilhão onde estavam instalados os escritórios da obra. Ao entardecer saía para assistir algum ofício religioso; logo após ia jantar e dormir em sua casa no Parque Güell, geralmente acompanhado do maquetista do Templo, Lorenzo Matamala, que morava perto dali. Costumava passar o resto do dia entre seus esboços e maquetes; ali era sempre encontrado e, neste lugar, a zeladora lhe servia um almoço frugal. Numa pequena dependência no escritório da obra, entre desenhos e projetos, estava disposta uma cama utilizada quando a inclemência do tempo o impedia de voltar ao Parque Güell.

Muitos amigos me pediam que lhes introduzisse naquele círculo fechado do sábio arquiteto, mas pouquíssimos foram aqueles que acreditei ser oportuno apresentá-los por receio de perder a confiança recebida. Gaudí sempre me acolheu de maneira cordial e até familiar. Lembro de um dia tê-lo visitado em companhia de meu amigo Juan Queralt; encontramos o mestre esfregando gelo nos pés, não sei com que finalidade terapêutica e, desculpando-se, prosseguiu na nossa frente aquela estranha atividade.

Uma tarde de inverno saímos do Templo e nos dirigimos a pé ao centro da cidade. Havíamos passado alguns quarteirões, quando ele pediu desculpas e entrou no saguão de uma casa, de onde saiu sem demora. Prosseguimos caminhando e conversando, sem dar importância ao fato. Pouco tempo depois, repetiu a operação, mas desta vez, na volta do caminho, explicou-me o motivo de tais paradas: sentia muito frio nos pés e, a fim de aliviar aquela sensação, enfaixava as barrigas das pernas que, segundo afirmou, devido a sua massa musculosa, prestam calor ao corpo. Ao protegê-las do frio, protegia indiretamente os pés; e, para que as ataduras não lhe molestassem a pele, que com a idade tornara-se delgada, ele a envolvia com ataduras especiais que às vezes escorregavam e tinha de reatá-las. Este era o motivo de tais paradas na discrição acolhedora daqueles portais. Na primeira vez ele deixou passar, mas nas seguintes achou melhor, com toda a naturalidade, explicar-me o que estava se passando.

Relato estes fatos sem importância aparente por julgá-los interessantes já que se constituem ilustrativos do modo de ser de Gaudí a quem sempre considerei de caráter franco e comunicativo, mas, no entanto, não achava prudente afastar-me do bom caminho que ele mesmo havia traçado.

Seria este arquiteto um homem retraído e esquivo como alguns costumavam dizer? Não. O que ocorria é que ele, dono de idéias claras e precisas, mostrava-se pouco receptivo àqueles que não compartilhavam seus pontos de vista e lançavam-se a combatê-lo. Devemos levar em conta que Gaudí era um homem apaixonado por suas teorias, doutrinas e concepções plásticas. E também era um homem sincero que não dissimulava com paliativos seus sentimentos.

Certo dia, falando dos políticos, dizia-me que eles tinham de ser homens de paixão; que a paixão é um dinamismo que contagia; mas o homem, para poder tirar partido desta paixão, deve saber dominá-la. O bom político deve dominar tanto os que compartilham de sua opinião como os que não. Jamais poderá dominar os outros aquele que não tem o domínio de si próprio. Gaudí certa vez comentou-me que, por toda a vida, havia esforçado-se para dominar seu gênio; geralmente o conseguia, mas às vezes o gênio era mais forte que ele.

Seria possível dar uma explicação mais clara e lógica, mais sincera e equilibrada de sua impulsividade? Não nos faltaram ocasiões para constatar que em algumas de suas intervenções, por um momento, o tom natural do diálogo, até então expansivo, era alterado num pequeno fogo semeado por argumentos, que, por sua lógica e modo como eram expostos, não admitiam réplicas. Estas autênticas lufadas de vento não se repetiam com freqüência e jamais chegaram a interromper o espírito cordial das conversas. Eram breves intervalos em que o gênio apaixonado, valendo-se de sua agilidade mental e de seu preparo científico, como ligeiríssimas asas, escapava de seu controle, para depois retornar submetido a sua deliberada tolerância.

Essa sua faceta, que aqui descrevo, pois raríssimas vezes se manifestava como característica, não chegou a provocar nenhum abalo em nosso relacionamento sempre cordial. O que mais interessava aos que queriam aproveitar suas conversações era a densidade do ensinamento recebido sobre as matérias que tratava. Tinha uma visão de totalidade da vida, e uma grande sensibilidade para captar a capacidade dos ouvintes; a cada ocasião moldava seu discurso a fim de torná-lo compreensível aos demais. Neste ponto, como em todos, procurava imitar o Divino Mestre, que por meio de singelas parábolas expunha aos humildes verdades evangélicas.

Conversa Elucidativa

A sua palavra, vigorosa e persuasiva, unia com grande preparo o estudo de seus conceitos. Geralmente Gaudí não improvisava em questões doutrinárias. A frase oportuna e o comentário sagaz que fluía do diálogo tinham suas raízes numa profunda meditação.

Por isso, mais que instrutivo, o diálogo com Gaudí era sempre edificante. Seu verbo tinha o poder de despertar energias latentes e orientar opiniões vacilantes; as úteis saíam fortificadas e as fúteis, sumariamente descartadas. Sobretudo era edificante seu exemplo de vida. Munido de uma fé inquebrantável, conduzia seus atos pela prática das virtudes cristãs, convicto que sem elas não era possível a retidão de conduta.

Dedicou totalmente seus últimos anos à obra magna do Templo da Sagrada Família e este, que foi seu maior sonho, teve também o papel de realçar seu gênio e conhecimentos arquitetônicos, os quais foram generosamente oferecidos a todos que se interessavam por seu mais predileto trabalho.

O que também percebemos foi o descabido comentário de que Gaudí possuiria um caráter esquivo. Freqüentemente, jovens arquitetos, ávidos por suas palavras, visitavam os escritórios de obra do Templo, e Gaudí estava sempre disposto a recebê-los. Explicava com a maior boa vontade tudo o que se estava construindo e os estudos que fazia. Estas noções serviam tanto como conselho como ensinamento. Nunca omitia aquilo que pudesse interessar à nossa avidez de informação; tudo era explicado de modo natural. Apontava os elementos construtivos que a experiência lhe fizera modificar e mostrava estas pequenas imperfeições, que ninguém havia notado decisivamente, como se com estes pequenos erros quisesse provar que nada é perfeito nas mãos do homem e que tudo é passível de evolução. Mais adiante o veremos comprazer-se dizendo que aprendia com as obras do Templo, e que sua forçosa lentidão traduzia um crescente ritmo de aperfeiçoamento de muitos detalhes.

O discurso de Gaudí era tão exemplar e edificante que, mesmo sem essa intenção, constituía-se em uma lição de vida e de arquitetura muito mais interessante que a maioria das aulas que tínhamos na faculdade. A primeira vez que o escutei, pareceu-me absurdo que suas preleções não fossem aproveitadas numa cátedra universitária. Posteriormente ouvi dele a confissão que nem mesmo como aluno havia conseguido submeter-se à disciplina de um programa. Era uma lástima que as brilhantes explanações que dava sobre as mais intrincadas questões não fossem aproveitadas por um número maior de ouvintes. A exposição de verdades científicas por meio de métodos por ele criados esclarecia problemas e conceitos geométricos que eram apresentados de modo confuso em aula. A aparência complexa que determinadas questões tinham para os estudantes de geometria revelara-se na boca de Gaudí algo simples e atrativo como um jogo.

Nós que, embora de modo indireto, tivemos o privilégio de receber as lições do mestre, lamentamos, com sua morte, a perda da eficácia pessoal de sua clarividência. Sua obra arquitetônica permanece e um técnico pode até dela tirar grandes lições. Mas seu verbo quente que plasmava-se em idéia e, sem dúvida, preenchia certos aspectos construtivos de difícil solução – alguns deles não chegaram a ser realizados –, calou-se para sempre.

Umas Notas Íntimas

Já havia comentado que várias vezes não pude resistir de registrar num papel aquelas palavras tão elucidativas, a fim de manter mais viva minha lembrança. Lamentei posteriormente não ter feito o mesmo todas as vezes que com ele dialoguei. No entanto, entre essas conversas escritas não falta nenhuma das que mais me impressionaram, e as omitidas, posso afirmar que nelas não foram tratados problemas novos. Os temas já anotados, mesmo referindo-se a outras circunstâncias, ponderei não ser necessário repeti-los.

Passado tanto tempo, ainda me lembro de como chegava em casa, primeiro a de estudante e depois a de arquiteto recém-formado, e, antes que outras idéias se interpusessem àquele verbo plástico e repleto de interesse, anotava com precisão tudo que havia de novo naqueles conceitos luminosos que tantas vezes me fariam consultor dos estudos posteriores sobre Gaudí.

Transcorrido um quarto de século da morte do mestre, sua fama torna-se cada vez maior e seu nome encontra-se definitivamente incorporado à civilização universal. Alguém certa vez comentou que minhas anotações de juventude, escritas por mero acaso, tornar-se-iam extremamente úteis se publicadas. É realmente possível que estas revelem aspectos e nuanças difíceis de serem captadas numa análise objetiva, distanciada e fria de sua obra. Essa intimidade com que foram escritas talvez atribua a seu estudo um caráter mais humano e pessoal.

Revisão destes Apontamentos

Agora, revisando aquelas conversas, tomei o critério de deixá-las tal como foram escritas originalmente, fazendo ressalva em apenas algumas partes.

Nesta presente edição, poderemos observar que Gaudí por mais de uma vez me advertirá que fizesse bom uso

51

de suas palavras, pois eram, na verdade, confidenciais. Devido a isto, algumas passagens de caráter apenas anedótico foram deixadas totalmente de lado. Sei que numa grande figura como ele tudo se torna digno de nota, mas este interesse deve ser centrado em sua doutrina. Por isso, na revisão, resolvemos priorizar suas concepções e não o anedotário.

O grande arquiteto sempre adotou uma postura anti-exibicionista, que contribuiu para sua fama de ermitão que tanto temos. Entretanto, em seus últimos anos, tornou-se muito acessível a inúmeros grupos de visitação coletiva e a jovens arquitetos interessados no Templo. Talvez esta atitude pontificasse sua vontade de que suas idéias construtivas não morressem com ele.

As conversas escolhidas para a presente edição foram as semipúblicas, das quais a imprensa vem esporadicamente publicando trechos. Outras foram as privadas, sendo que algumas delas tratam de temas científicos ou artísticos criados por Gaudí assim como também de assuntos políticos e pessoas ligadas a seu tempo. Destas conversas, as primeiras são as que copilamos com maior cuidado; as demais foram depuradas de tudo o que não se referia à arquitetura, pois poderiam dar margem a comentários e interpretações inconvenientes.

Apesar do empenho que dediquei ao evocar aquela relação amistosa com Gaudí, devo reconhecer que a pessoa, o gênio e o tom da fala do mestre perderam muito ao passar pela minha pena. Houve também assuntos impossíveis de exprimir pela palavra, por sua elevação, ou pela intimidade com que foram tratados, que, apesar de cuidadosamente anotados, não poderiam constar na presente edição[1].

---

1. Devo agradecer ao amigo Francisco P. Quintana i Vidal por ter lido atentamente o original destes apontamentos e me precisado alguns detalhes. Arquiteto auxiliar de Gaudí, esteve presente em muitas das conversas aqui transcritas.

2. O TEMPLO DA CATALUNHA ATUAL

[23 de janeiro de 1915]

Venho do Templo da Sagrada Família. Numa visita coletiva, podíamos ver reunidos estudantes de todas as faculdades de Barcelona. Quando cheguei, os visitantes estavam na parte de baixo, onde se encontra a maquete[1], e Gaudí lhes dirigia a palavra. Creio que assim iniciava sua explicação.

Policromia dos Templos

Frente à maquete do Portal do Nascimento, Gaudí nos fez observar que era multicolorida e revelou que a Sagrada

---

1. A maquete do Templo se encontrava numa dependência sob o claustro em construção, ao sul do Portal do Nascimento, lugar destinado a Gaudí para os vários ofícios necessários para a obra. Posteriormente notei que lá apenas trabalhava o maquetista Lorenzo Matamala, que, com grande maestria, executava as maquetes em gesso encomendadas por Gaudí.

Família assim o seria quando fosse terminada. Disse também que havia feito aquele modelo para enviá-lo a Paris para uma exposição[2].

Explicou-nos a razão da policromia. Comentou que, por ocasião da visita da infanta Paz ao Templo, ela lhe afirmara que a edificação "ficaria muito mais bonita sem pintura". Ele calou-se, e apenas disse-lhe que os gregos, grandes mestres na arquitetura, também multicoloriam suas edificações. Encerrou assim a conversa, pois não daria em nada discutir com uma infanta.

E prosseguiu sua preleção com a inspirada tirada:

> Os gregos, cujos templos eram de um mármore pentélico, um mármore cristalino como o açúcar, transparente e de uma beleza invulgar, não hesitaram em pintá-lo; porque cor é vida, e não podemos de maneira alguma desprezá-la a fim de infundir vida em nossas obras.

Influência da Latitude no Sentimento da Beleza

Nós, os habitantes dos países banhados pelo Mediterrâneo, sentimos a Beleza com mais intensidade que os dos países nórdicos, fato que eles mesmos reconhecem. Os do norte amam mais a riqueza, que obtêm com o esforço de seu pensamento. Resguardam cuidadosamente seus imponentes museus pois são ricos, porque valem muito dinheiro e porque pagaram somas fabulosas pelas obras que contêm, quantidades jamais sonhadas por seus autores, que em sua maioria viveram e morreram na pobreza. Estes autores eram todos mediterrâneos: egípcios, gregos, italianos, espanhóis... Os nórdicos se vangloriam de tais riquezas pois falta-lhes a visão plástica da vida tão facilmente entendida por nós e que vale mais que todas as fortunas do mundo.

2. Na Société Nationale des Beaux-Arts, no ano de 1911 (5 de abril/30 de junho). O Anuário da Associação dos Arquitetos da Catalunha publicou uma resenha com os principais comentários da imprensa parisiense.

Este sentimento de vida, temos a obrigação de infundi-lo a nossas obras, nas quais deve refletir-se nosso modo de ser.

A Aparente Riqueza de Barcelona

Alguns estrangeiros acreditam que Barcelona é muito rica, pois suas fachadas apresentam maior exuberância que as do norte. E isto é verdade, não porque sejamos mais ricos, mas por nossa grande engenhosidade, com a qual suprimos e superamos seu poder econômico.

Ele explica que a Holanda sempre dominou o mercado mundial de pedras preciosas e lá foi criada e desenvolvida a indústria de cofres e travas de segurança. Certa feita, em que houve queda no mercado de pedras preciosas, as fábricas de fechaduras e dobradiças acusaram o impacto e, para compensá-lo, procuraram exportar. Um representante holandês de uma destas firmas veio a Barcelona falar com Gaudí, que achou demasiado caros seus preços. O arquiteto advertiu-lhe que dificilmente venderia seus produtos, pois os industriais locais produziam artigos semelhantes bem mais em conta. O vendedor declarou que achava a conversa absurda, pois Barcelona havia-lhe dado uma impressão de abundância, principalmente por suas belíssimas edificações. Gaudí respondeu-lhe que estava enganado, pois aquilo que se apresentava de aparência opulenta aos estrangeiros, na verdade não o era, e desafiou-lhe a citar uma destas construções que lhe parecera muito custosa. O Parque Güell foi a escolhida e a cifra imaginada revelou-se três vezes maior do que realmente custara[3].

Mas o holandês não se deu por vencido e fez alusão à maneira elegante de trajar das mulheres vistas nas ruas, desfilando com roupas mais dispendiosas que as de Paris,

---

3. Gaudí fora o arquiteto do Parque Güell e, portanto, sabia bem do que estava falando.

Berlim e outras capitais. Gaudí concordou plenamente. (Quando iniciava esta temática, um cônego, o doutor Mas, que se encontrava entre os presentes[4], advertiu-lhe que poderia tratar do assunto com toda franqueza, pois nenhuma mulher o estava escutando. Gaudí replicou que se por acaso ali houvesse alguma, diria o mesmo). Pontificava a tese de que luxo não é sinônimo de riqueza. Gaudí lembrou o fato de haver um excelente clima em Barcelona, cidade banhada pela luz do sol, que constitui um verdadeiro convite ao passeio, e as mulheres têm todas as oportunidades de enfeitar-se e sair gastando. Pelo contrário, nos países brumosos e sombrios, elas se vêem obrigadas a levar uma vida caseira e, num almoço dominical, cercado por exigentes convivas, delapidam muito mais que nossas elegantes senhoras vestindo-se numa temporada. Onde estaria então o dinheiro; aqui ou no exterior?

O holandês acabou por ceder a seus argumentos e declarou que não esqueceria tais reflexões.

Nossa engenhosidade nos faz parecer tão ricos como os do norte, que adquirem por verdadeiras fábulas os trabalhos dos artistas mediterrâneos. Em Paris, afirmam que o melhor que possuem em pintura são as obras de Leonardo; e este grande artista do Renascimento costumava afirmar em seu tempo: "Não sabem as coisas tão belas que faria se alguém me encomendasse!". Mas os pedidos eram poucos, queixava-se.

O Apurado Sentido da Visão

Nós, os mediterrâneos, temos uma percepção mais apurada da plasticidade e de tudo o que pode apreciar-se com

---

4. Este cônego era o doutor Francisco P. Mas, que na época ostentava o cargo de presidente da Junta do Templo. Pouco tempo depois recebeu a nomeação de bispo de Gerona. Foi o terceiro presidente que deixou o cargo por ter sido elevado ao episcopado. Foi substituído pelo bispo de Barcelona, o doutor Reig.

o sentido da visão. Os médicos e, particularmente, os cirurgiões concedem uma atenção especial ao tato. Mas, na verdade, ele não é tão importante assim. O tato é essencialmente um sentido analítico, sem alcance. A visão, pelo contrário, é sintética. Aprecia-se a vida com os olhos.

Neste momento, Gaudí pede permissão ao cônego ali presente, para tratar de temas mais elevados, pedindo que o corrija caso profira alguma heresia. Alega que mediante o sentido da visão a onipotência de Deus pode ser melhor apreciada, e sem os olhos tornar-se-ia difícil vislumbrar a Glória Celestial. O cônego assegurou ser uma grande verdade teológica o que Gaudí afirmara e nosso arquiteto, com um ar meio taciturno, replicou singelamente: "Já o sabia".

A Duração das Obras da Sagrada Família e de Outros Templos

Em seguida fala sobre o longo tempo que levará para concluir totalmente a Sagrada Família; comenta que com todas as grandes obras da história havia ocorrido o mesmo.

Citou o caso de Santa Sofia de Constantinopla, erigida por Teodósio, afirmando que, naqueles tempos, uma grande revolta popular, semelhante à de Barcelona em 1909, fez arder a cidade contemplada por Teodósio ao longe, do outro lado do Bósforo. O imperador ficou aterrorizado pois achava eminente sua rendição, assim como nossas autoridades em 1909. (Gaudí nos segredou que durante a revolta da Semana Trágica passava o tempo todo lendo sobre o incêndio de Constantinopla e o comparava ao que ocorria em Barcelona, observado do alto de sua casa no Parque Güell; que foi a nós oferecida como refúgio pois mesmo sendo pequena, caberíamos todos). Teodósio queria escapar e até estava dando ouvidos aos conselheiros, quando sua mulher advertiu-lhe que um imperador jamais foge; e se por acaso fugisse, imediatamente deixaria de ser imperador. Viu arder vários templos, inclusive o de Santa

Sofia, que tinha a cobertura – "o céu da boca" como dizem em Mallorca – de madeira e foi totalmente incendiado. Quando tudo voltou ao normal, Teodósio, que continuou imperador, mandou erguer outra basílica a Santa Sofia, desta vez com uma cúpula à prova de fogo. Entregou a três arquitetos principais sua construção. Outros duzentos ficavam sob a supervisão destes, comandando verdadeiros exércitos de operários. Apesar de tudo, a obra acabou demorando mais de dois séculos para ser concluída. Uma vez terminada a abóbada, foi erigido um púlpito de ouro no centro, no qual haveria de pregar São João Crisóstomo. Tempos mais tarde a cúpula acabou por desabar com um forte terremoto que soterrou o púlpito, que não foi reposto ao reconstruir-se a cobertura. O pouco que sabemos deste altar, devemos a um poema.

Não podemos portanto assustar-nos com a longa duração destas obras. Confirma que se anima ao ver tantos rostos jovens e pede a colaboração de todos.

Queixa-se de não poder mais saudar ninguém pelas ruas, pois seus amigos fogem quando o vêem, para evitar que lhes peça algum donativo para o Templo. E também comenta ter perdido a prudência, pois esta o aconselha a não falar dos amigos e ele faz mais do que falar: molesta-os tentando angariar recursos para a Sagrada Família.

A Fecundidade do Sacrifício

Tudo o que pudermos fazer em prol do Templo, havemos de interpretá-lo como sacrifício. Pois esta é a única coisa realmente frutífera. Certo dia, Gaudí, ao pedir um donativo a uma pessoa, disse-lhe : "Faça um sacrifício". E esta respondeu: "Com muito prazer, pois esta quantia para mim não é nenhum sacrifício!". Gaudí sugeriu-lhe então que aumentasse o valor até que este representasse para ela um verdadeiro sacrifício. Pois a caridade que não contém um sacrifício não é caridade, mas simples vaidade.

O Templo da Catalunha Atual

Todos devemos contribuir com a obra da Sagrada Família, pois será o templo de todo um povo. O rápido crescimento de Barcelona nestes cinqüenta anos (que quadruplicou sua população) foi cristalizado na Sagrada Família: um templo como a única obra digna de representar o sentimento de um povo, pois a religião é o que há de mais elevado no ser humano.

Este seria o Templo da Catalunha atual. Gaudí lembrou que alguém certa vez dissera-lhe que a Catalunha, historicamente, nunca havia sido nada, e ele respondeu que se isto fosse verdade seria uma razão a mais para acreditar em algo que poderia ainda ser feito.

A Continuidade das Obras

Disse também que, ao assumir as obras, não tem feito nada mais que se adaptar às condições existentes. Estes meios atualmente são precários e recomendou que cooperássemos com espírito de sacrifício, cada qual a seu modo. Os estudantes de arquitetura, principalmente os que dispusessem de meios, poderiam financiar um ou vários colegas carentes de emprego, com a condição de que estes trabalhassem para a obra da Sagrada Família.

E isto foi motivado pelo fato de falar sobre a continuação do Templo no futuro. Ao desenvolver os estudos, poderíamos ao menos deixar concluídos os cálculos, pois assim os arquitetos do futuro não poderiam dizer que havíamos ignorado o que "aquele homem" estava querendo fazer e não soubemos como prosseguir.

Muitas vezes as coisas não são realizadas por indolência e esta é geralmente mais intelectual que material. Quando se sabe "como" fazer uma coisa, esta é realizada com muito mais entusiasmo. Pelo contrário, quando surge a dúvida, nunca se encontra o momento de começar.

Se realizássemos estes estudos[5], haveria mais chances de futuramente as obras não serem abandonadas. Gaudí propõe este meio como um entre outros. Roga então aos presentes que lhe sugiram algumas alternativas, pois se confessa leigo em finanças, aceitando todas as propostas. Demonstra-nos o disparate existente entre a precária situação do Templo e os trabalhos que realiza para o cálculo do zimbório, cuja construção seria tão custosa que ele nem queria pensar nisso.

De tempos em tempos, o arquiteto interrompe seu discurso para fazer algumas perguntas ao cônego.

A Longa Construção de Alguns Templos

Conscientiza-nos do nosso dever de ter em conta que a construção do Templo será demorada, fato que ocorre em todas as catedrais que se destacaram por sua grandiosidade, cujas obras costumam se prolongar por vários séculos. A Catedral de Colônia esteve por centúrias sem as abóbadas e, por fim, os protestantes tiveram de terminá-la. São Pedro de Roma foi iniciada no começo do século XVI em pleno esplendor da Igreja Católica; contando com todos os recursos possíveis, suas obras duraram até o fim do século seguinte após quase duzentos anos de ininterrupto trabalho. Foram sete seus arquitetos e, apesar do dedicado trabalho, e das riquezas que contém, não pode-se ainda dizer que está pronta. Os quatro campanários projetados para rodear sua grande cúpula não foram sequer finalizados. Ainda está inacabada, e, na atualidade, são realizadas novas obras, sem falar nas costumeiras reformas para sua conservação. O Escorial foi erigido por Felipe II, tendo a favor todos os tesouros de sua época, pródiga em vultuosos descobrimentos de ouro na América. Entretanto,

---

5. Gaudí costumava utilizar a primeira pessoa do plural quando falava de si próprio.

continuaram as obras durante toda a dinastia dos Áustrias, e atualmente ainda não está terminada.

Significação Construtiva da Igreja

Gaudí volta a pedir um aparte ao cônego, desculpando-se novamente se estiver proferindo alguma heresia. Afirma então que a igreja sempre financiou construções concebidas pelos Pontífices (do latim *ponti-fex – fazer pontes*), que estão continuamente erigindo templos, verdadeiras pontes à Glória Celestial.

O cônego esboça um sorriso amarelo, sem conseguir dissimular uma certa desaprovação. Gaudí então o interpela amistosamente, indagando-lhe qual de suas palavras não havia concordado. O cônego, sem perder o sorriso, afirma que o arquiteto possui muita habilidade em sua argumentação e sabe bem aproveitar os momentos oportunos.

Referindo-se à enorme quantidade de dados citados, nosso peculiar cônego comenta que tínhamos à nossa frente um verdadeiro arquivo vivo. Gaudí responde, de forma bem humorada, que fazia aquilo de propósito, com o intuito de impressionar os ouvintes para conseguir maior profusão de sua mensagem.

O doutor Mas advertiu-nos de já estar ficando tarde, e se quiséssemos visitar as torres à luz do dia, como recomendava o arquiteto, deveríamos fazê-lo naquele instante. Gaudí comenta que o sol finalmente despontara por entre as brumas daquele dia nublado. Mal abandonávamos o lugar, o cônego sugere que seria muito interessante uma conferência sobre o Templo, proferida pessoalmente por seu criador. Gaudí se nega, dizendo não ser um homem de conferências pois, por respeito ao público, uma palestra deveria ser cuidadosamente preparada e ele não saberia como fazê-lo.

A Porta do Rosário. Sucessivas Variações no Plano Original

Fomos até a Porta do Rosário. Gaudí nos indica que o claustro, do qual faz parte este local, servirá para ser rezado o terço andando na procissão e para isolar o Templo dos ruídos da rua. Até agora não foi possível terminá-lo e apenas foi construído o portal e uma pequena parte deste claustro, para que no futuro tenham idéia de como prossegui-lo. Sabe que nos dias vindouros o gosto pessoal dos arquitetos sucessores influenciará a obra, mas ele não se importa, dizendo que isso será benéfico para o Templo, pois assinalará a mudança do porvir imersa na unidade do plano geral*. Os templos têm esta vantagem: embora seus projetos sejam imutáveis, podem ser concebidos para que sua elaboração perdure por vários séculos, sem mudanças de planos, e os novos artistas que surgirem com o tempo infundirão à obra novos estilos arquitetônicos, plasmando mais expressão e beleza monumental ao conjunto. Os grandes templos jamais foram obra de um só arquiteto.

Arquitetura Policromática

Revela que esta porta será também policrômica; diz que cor é vida e a falta de cor é a manifestação mais visível da morte. As rosas que adornam esta porta, esculpidas em pedra (muito bem entalhadas), não são ainda rosas, pois o mais belo e característico destas flores é a cor, que estes portais ainda não têm.

---

*. Mal sabia Gaudí que, no final do século xx, o interior e um portal do Templo da Sagrada Família seriam ornados com esculturas de gosto duvidoso que destoariam completamente da apurada elegância do Templo. (N. da T.)

O Custo da Obra

O cônego aproveita a deixa para perguntar sobre os rumores de que seria necessária uma verdadeira fortuna para concluir o Templo. Gaudí replica que em tempos de abundância, quando empregava-se na obra tudo o que era preciso, foram gastas umas duzentas mil pesetas num ano e até mesmo com cento e setenta e cinco mil seriam suficientes para notar seu crescimento. Entretanto, mesmo com as cinqüenta mil anuais disponíveis, existe um déficit de...[6]. Mas ele emprega todas suas forças para não cessar a construção. Calcula que o Templo levará anos e anos para ser terminado*.

Ao sair do claustro, subimos até o campanário. Todos menos Gaudí. Havia escutado dele que se cansava fre-qüentemente, tendo de lutar com a escassez de suas forças, e evitava subir aos campanários.

A Via-Crúcis e a Cripta

Quando desci dos campanários, a maior parte dos visi-tantes já se encontrava na cripta. O sacerdote mentor do Templo, o monsenhor Perés, mostrava as diversas fases da Via-Crúcis representadas nas paredes: são despojadas cru-zes de madeira sem nenhum adorno a não ser sua simbó-lica coloração, e a medida que as etapas vão se sucedendo, as cruzes se cobrem de terra e sangue. Ao chegar à décima fase, quando dizem que Jesus foi crucificado, as cruzes tor-nam-se de ouro pois, naquele momento, Jesus convertera o signo da infâmia em glória.

6. Não tinha certeza de quanto seria esta quantia ao realizar os apon-tamentos e a deixei em branco.

* Atualmente, estima-se que o Templo da Sagrada Família estará pronto em algum dia do ano 2060. O Templo Expiatório da Sagrada Família (a segunda maior catedral do mundo) foi concebido para abar-car milhares de pessoas durante a eclosão do Apocalipse. Uma Terceira Guerra Mundial, provavelmente nuclear, poderia pontificar a aguçada visão visionária de Gaudí. (N. da T.)

Gaudí mistura-se aos visitantes. Escuta que alguém comentara jocosamente que na nona passagem o nove havia sido grafado em caracteres romanos VIIII ao invés de IX. Pontua então, com seu costumeiro rigor, que antigamente assim se fazia e era mais lógico, pois os números se sucedem numa progressão ascendente e contínua, e para ler esta cifra não seria preciso subtrair ou voltar atrás.

Fez notar que a cripta é perfeitamente arejada e, apesar de encontrar-se a oito metros de profundidade, não contém umidade. Sua ventilação é feita de modo natural, com correntes de ar produzidas pelo desequilíbrio entre as temperaturas que se alternam entre o nascer do sol e o poente, ou vice-versa, segundo se trate da manhã ou da tarde*.

Entramos na sacristia onde contemplamos um magnífico armário de madeira com aplicações de ferro onde estavam guardadas as jóias litúrgicas. O móvel parecia antigo e Gaudí nos diz que havia sido encomendado em tempos de abundância. Atualmente seria impossível fazê-lo. Contudo, comenta não estar arrependido de tê-lo encomendado.

Mestria Estética da Liturgia

Ante a presença de alguns objetos litúrgicos, disse-nos que a liturgia cristã oferece uma lição da mais delicada e pura estética. Estas lições figuram no livro *Cerimonial de Bispos*, pois estes detêm as prerrogativas sacerdotais e podem ministrar todos os sacramentos, inclusive consagrar outros bispos.

Tudo é previsto pela liturgia. Prescreve que o sacrário das hóstias não pode servir como pedestal para nada, nem ao menos para um Crucifixo, pois contém o corpo de Cristo, que não pode ficar ofuscado nem por sua própria imagem. Na liturgia primitiva, apenas se admitia o dossel para a figura de Cristo. Este cânone foi logo abandonado e

---

* Os cupins, em sua arquitetura biológica, utilizam o mesmo princípio para a ventilação das imensas torres de seus cupinzeiros. (N. da T.)

o dossel começou a ser utilizado em todos os santos. Se não fosse por esta tolerância, um simples olhar bastaria para reconhecer a hierarquia dos santos, venerados nos templos. E esta ordem hierárquica aumentaria a beleza do conjunto. Quando a liturgia nos assinala a cor dos ornamentos, indica com precisão qual delas deve ser a predominante, o que vem a assegurar a harmonia cromática das cerimônias.

Gaudí revela-nos também o uso da luz feito pela liturgia que constitui o fundamento de toda a ornamentação, pois dela nascem as distintas cores em que se decompõe. A luz impera em todas as artes plásticas. A pintura não faz mais que a copiar e a arquitetura e a escultura lhe proporcionam motivos para que jogue com uma infinidade de matizes e variações.

Lembra-nos que a liturgia recomenda, na Semana Santa, a consagração dos santos óleos numa mesa coberta de flores naturais e ordena que, nas grandes festas, os templos sejam adornados com flores e plantas perfumadas, coisas de um gosto muito refinado.

A Iluminação dos Templos

Fala sobre a iluminação das igrejas e da falácia dos que acreditam que a abundância de luz as favoreça. A luz deve ser apenas a necessária: nem excessiva nem pouca pois ambas cegam e "os cegos não vêem". É precisamente isto que ocorre em certas regiões do globo onde não se pode enxergar claramente por demasia ou falta de luz: o norte, onde "as brumas obscurecem a luz solar" e as zonas tórridas, onde o excesso de luz impede a visão*. Os do norte,

---

* A arquitetura colonial brasileira, de influência e concepção ibérica, sabia lidar bem com a luz intensa dos trópicos através de suas janelas com treliças (herança da arquitetura islâmica). A arquitetura moderna brasileira, com seus edifícios de concreto e vidro (da tradição Bauhaus/Corbusier, criada em regiões carentes de luz), apresenta problemas com o excesso de luminosidade e temperatura. (N. da T.)

que podem gozar parcialmente o espetáculo da natureza, são mais cerebrais e a força de seu pensamento foi capaz de encontrar uma geometria sem formas. Converteram a geometria numa coisa abstrata, mais abstrata que a álgebra, já que esta se reduz a fórmulas e a geometria analítica é uma abstração de abstrações. Esta geometria da gente do norte também foi engendrada pelos índios da zona tórrida, que chegaram a resultados similares por meio de raciocínios opostos. O verdadeiro equilíbrio se encontra no meio termo: nem demasiada nem pouca luz.

Nos templos, tudo tem de ser ponderado e regulado pelas sábias leis da liturgia, sem adulterações. Gaudí lembra-nos da contenção dos abusos na música teatral introduzida no culto, e adverte que a mesma depuração deveria também ser feita nas artes visuais dentro dos templos. Evoca o encanto das missas noturnas, que se estendiam pela madrugada, correntes no início do cristianismo, enquanto nos tempos modernos restou-nos apenas a do Natal. Antes havia também a dos Reis Magos.

As Plantas do Templo

Passamos ao pavilhão dos escritórios da obra curiosos por ver as plantas do Templo. Ele nos mostra o fantástico traçado das abóbadas da Sagrada Família, que terão a forma dos parabolóides hiperbólicos. Comenta que estes sólidos são injustamente esquecidos, pois sua forma é a mais completa e abarca toda a geometria*. Ela engendra uma reta que tem por diretrizes outras duas situadas em planos diferentes, o que é extremamente comum. Este parabolóide projetado pode engendrar "retas paralelas"; e se o plano de projeção é perpendicular a uma diretriz, a geratriz é projetada por meio de raios, equivalentes à "circunferência", da qual, in-

---

* É a forma da Catedral de Brasília de Oscar Niemeyer e das modernas usinas nucleares. (N. da T.)

clinando-se o plano de projeção, pode-se passar à "elipse"; e as interseções com os planos são "parábolas" e "hipérboles". Estas superfícies são perfeitas para assumir a função de abóbadas, como se fará na Sagrada Família; e poderão ajustar-se com facilidade às paredes planas que são também um caso especial de parabolóide hiperbólico. Revela que esta figura geométrica consiste numa representação perfeita da Santíssima Trindade, pois é gerada por duas retas infinitas e uma terceira também infinita, que une as outras duas. As duas diretrizes são o Pai e o Filho e a comunicação ou "união" entre elas "engendra" o Espírito Santo.

Mostra-nos alguns desenhos do Templo, que não passam de pequenos croquis. Procura um que retrate a idéia do projeto geral. Ao tentar buscá-lo, surgem vários desenhos engendrados por ele. Diz que tem a mania de esboçar estudos uns sobre os outros e que, às vezes, nem ele mesmo os entende. Ao reparar no riso velado dos presentes, ingenuamente volta atrás, afirmando que, com muita atenção, consegue compreendê-los.

Finalmente encontra os croquis onde se distingue a fachada lateral do Portal do Nascimento, ostentando altivamente as inúmeras torres que terá. As dimensões são reduzidas. Os croquis passam de mão em mão e Gaudí resolve explicá-los para que possamos entendê-los melhor. E inicia uma preleção sobre o plano e o simbolismo do Templo.

Descrição sobre o Simbolismo do Templo

Cristo foi o redentor da humanidade. Se ele não houvesse nascido e morrido, nenhum dos santos estaria no céu, e estes deveriam juntar-se a seus antecessores, os anjos, para ocupar o lugar dos anjos caídos que se rebelaram contra Deus.

A salvação da humanidade encontra-se no nascimento de Jesus e na sua Paixão. Este é o motivo pelo qual o

Templo tem um Portal do Nascimento e outro da Paixão. O simbolismo deste Templo fundamenta-se no Apocalipse, quando postula ser a Igreja uma árvore frondosa, sob a qual correm mananciais. Os inúmeros pináculos que serão construídos terão uma forma que poderá ser interpretada facilmente como copas de árvores.

Portal da Paixão

Insiste menos por mostrar o Portal do Nascimento pois está praticamente terminado. O Portal da Paixão será colateral, e contrastará com o primeiro pelo despojamento de suas formas. Da mesma maneira que o Portal do Nascimento, se comparado ao que já está construído no abside, possui formas visivelmente muito mais suaves, o da Paixão se diferenciará também do abside por seu despojamento. O abside será um meio termo entre a expressão das formas das duas fachadas.

A principal característica do Portal da Paixão será a sobriedade da sua decoração. A Cruz dividirá o portal em duas partes: a direita e a esquerda. No lado direito estarão representadas as santas mulheres e os que fugiram aterrorizados do calvário, como o centurião e outros. Na esquerda, estarão os que zombaram de Cristo, perguntando-lhe por que não descia da cruz se era Deus; e outras representações.

Portal Principal

A humanidade também será representada: o homem antes de pecar e depois condenado ao trabalho por causa do pecado. A fachada principal conterá um pórtico, onde a vida laboral do homem será representada por seus diversos ofícios, tais como alfaiate, sapateiro e outros. Debaixo ficarão as tumbas dos principais beneméritos do Templo.

Dom Antonio na procissão de Corpus Christi *de 1920 entre os membros do Círculo Artístico San Lucas.*

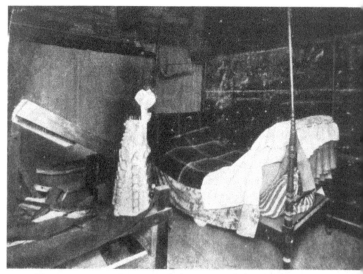

Nas noites tempestuosas, Gaudí dormia numa dependência dos escritórios de obra, onde tinha uma cama que ele mesmo costumava fazer.

Mesa onde comia o genial arquiteto em seu estúdio na Sagrada Família.

Esta fachada principal representará a Glória do Céu e terá sete portais. Cada um deles será dedicado a um sacramento (pois por eles se entra na Igreja). E um dos sete pedidos do pai-nosso. À direita ficará o batistério, que se encontrará separado do Templo. O portal mais à esquerda será dedicado ao sacramento da Penitência; e o pórtico que ornará esta fachada será de quarenta metros de altura, ultrapassando em muito as casas da vizinhança.

Frente ao Templo, serão erigidos dois grandes monumentos: um dedicado à "água", com quatro chafarizes em hélice que ficarão frente ao batistério e outro ao "fogo", junto ao Portal da Penitência, composto por quatro grandes piras. Estes são dois elementos purificadores da humanidade. Ainda haverá outros dois representados em seu estado natural: a "terra", abaixo, e o "ar", no céu.

Acima das fachadas erguer-se-ão as torres ou campanários. Haverá quatro em cada porta, doze ao todo, dedicadas aos apóstolos. No centro, a mais alta simbolizará Jesus Cristo, rodeada por outras quatro, os evangelhistas, e a da abside, dedicada à Virgem. As sete capelas absidais recordarão as sete dores de São José e cada uma conterá uma representação da Sagrada Família.

O Canto Litúrgico

Os sacerdotes terão um lugar reservado no presbitério e o povo estará ao seu redor, para que possa participar dos cantos litúrgicos. Gaudí comenta que este é o verdadeiro sentido dos cantos eclesiásticos e que todo o povo deve cantar. Conta que um imperador, cujo nome não se recorda, certo dia, ao entrar num templo onde foi recebido por Santo Ambrósio, ao ouvir os cantos do povo, perguntou se eles já estariam no Céu. Santo Ambrósio respondeu-lhe que ainda não, pois se encontravam na ante-sala deste. O Templo também terá um gineceu, pois, segundo a liturgia, os homens e as mulheres devem estar separados para cantar.

Sua exposição do plano geral do Templo foi clara. Mesmo assim comenta que, para abarcar todo o conjunto, seria necessário vê-lo. Gaudí trata destes planos com a segurança de quem poderia imediatamente realizá-los. E suas explicações sobre eles adquirem a vivacidade do real.

Não ignora ter ouvido comentários que determinadas alterações na Sagrada Família seriam fruto de seus caprichos pessoais. Não é verdade. Submete-se a circunstâncias e deve adaptar-se a elas.

Volta a pedir a colaboração de todos; que cada um, dentro de sua área, trabalhe para angariar recursos, pois sem sacrifício, nada se faz meritório e todos devemos orientar nosso esforço pessoal neste sentido.

Despedida

Despede-se de cada um de nós e oferece seus préstimos, dizendo que sempre nos acompanhará com gosto nas visitas e estará a postos para falar sobre a Sagrada Família. Afirma que quase sempre poderemos encontrá-lo ali e, quando não, também estará trabalhando para o Templo, o que chama humoristicamente de "assoprar": quando se encontra no Templo "toca o órgão". Com muita satisfação realiza todas estas tarefas solitário, sendo o único que pode realmente fazê-lo, pois a Sagrada Família é tudo que possui na vida. Sem parentes, fortuna ou clientes*, pode dedicar-se exclusivamente à grande obra.

Ressalta ainda que sua proposta de colaboração não se limitava a mera formalidade, e gostaria que cada um a interpretasse segundo seu modo de sentir, fazendo bom uso dela.

---

*. Gaudí doou tudo que possuía à construção da Sagrada Família. (N. da T.)

Saímos e ele caminha à nossa frente, despedindo-se na porta do pavilhão dos escritórios de obra. Já é noite. Estende a mão a todos enquanto exclama: "Vão firme! Vão firme!". Gaudí proferia ainda estas saudações quando cruzei a praça onde se erguerá o Templo, conservando na mão o calor daquele grande homem que nos fez verdadeiras revelações com a simplicidade de um apóstolo, com o verbo iluminado que, com sua modéstia, se tornava mais acessível como as tênues luzes litúrgicas, plenas de ponderação, das quais por longo tempo discorrera.

3. ARTE E COMÉRCIO

[3 de fevereiro de 1915]

No domingo passado, de manhã, fui visitar a Sagrada Família com os alunos da Faculdade de Economia. Subimos diretamente ao pavilhão dos escritórios de obra. Ao nos receber, Gaudí demonstrou sua complacência pelo fato de os estudantes de uma faculdade aparentemente tão desvinculada da arquitetura revelarem tanto interesse pelo Templo.

O Comércio Protetor das Belas-artes

Explicou-nos que o comércio sempre foi o grande protetor das artes. A antiga Grécia, onde podemos constatar o mais apurado e refinado gosto artístico, era essencialmente um povo de comerciantes. A Itália, com suas antigas repúblicas de Veneza e Gênova, cujos navegadores percorreram os sete mares dominando o comércio mundial, produziu grandes artistas e possui monumentos que atraem a admiração universal.

Valor Material das Obras de Arte

Além de seu valor artístico, estes monumentos costumam representar um grande patrimônio para seus países, uma obra de arte produz, continuamente, rendimentos com o dinheiro deixado pelos turistas. Todas as capitais comercialmente importantes são simultaneamente centros de intensa vida artística.

Espírito Sintético da Arte e do Comércio

Observou que os comerciantes, assim como os artistas, se caracterizam por possuir uma visão de conjunto das questões ou temas que tratam. Lembrou o exemplo do comerciante citado por Balmes, para provar o sentido prático (que atualmente se denomina sintético). Este espírito de síntese, que permite abarcar a essência das questões, dignifica o artista e dá vida às obras que produz.

O Comércio de Barcelona Funda a Escola de Belas-Artes

Uma prova desta boa relação que sempre existiu entre arte e comércio, podemos encontrar aqui em Barcelona, onde os comerciantes que, no século XVIII, constituíram a Junta do Comércio, fundaram, na casa de La Lonja, a Escola de Belas-Artes que, ainda hoje, se encontra ali, junto à de ensino mercantil, compartilhando há séculos a proteção do mesmo teto.

Gaudí desculpou-se de não sair do pavilhão dos escritórios de obra para acompanhá-los na apreciação da maquete, das torres e demais partes do Templo, devido ao forte frio que fazia decorrente de uma nevasca que caíra. Em seu lugar, José Maria Dalmases Bocabella, da Comissão das Obras do Templo, neto do senhor Bocabella, iniciador da obra, e um grupo de estudantes da Faculdade de Arquitetura conduziram os visitantes.

4. ESTRUTURA MECÂNICA DO TEMPLO

[7 de fevereiro de 1915]

Qualidades dos Parabolóides Hiperbólicos

Esta manhã visitei a Sagrada Família com os estudantes de engenharia. Frente à maquete, Gaudí nos explicou a estrutura do Templo. Revela que suas abóbadas serão compostas por parabolóides hiperbólicos[1] e enaltece as qualidades acústicas e luminosas destas formas geométricas. Os raios luminosos refletem-se a partir de qualquer ponto. E este fenômeno ocorrerá no Templo, tanto de dia quanto de noite, tanto com a luz dos vitrais como a dos círios*. Adverte-

---

1. O arquiteto Quintana falou-me que Gaudí, em seus últimos anos, pensara em construir as abóbadas na forma de hiperbolóides, ao contrário do que concebera inicialmente ao projetá-las com parabolóides hiperbólicos.

* Fulcanelli, em seu fundamental *O Mistério das Catedrais*, demonstra que a iluminação dos vitrais das rosáceas da catedral gótica de Notre Dame estaria associada às cores da pedra filosofal: negro, branco e vermelho. A

nos que as abóbadas tubulares, erigidas como antigamente, concentravam os raios refletidos em apenas alguns pontos e, a fim de evitar este incômodo, revestiam-nas com materiais opacos. Na Sagrada Família, para não haver este tipo de problema, serão utilizadas abóbadas cujas formas tenham propriedades geométricas adequadas a suas finalidades práticas, ornamentais e construtivas.

Crítica da Arquitetura Gótica

Todas as formas e todos os elementos resistentes do Templo se baseiam nas curvas de equilíbrio de forças atuantes, graças às quais se pode prescindir dos contrafortes. A arquitetura gótica jamais se afastou das cúpulas e dos arcos de geração circular, e a arquitetura que tentava seguir as curvas de equilíbrio com precisão não conseguia fazê-lo senão através de artifícios como os arcobotantes, que eram erguidos no lado de fora dos templos (a despeito de serem os mais necessários), e acabavam sujeitos às intempéries e à deterioração. Este inconveniente é apontado pela grande maioria dos livros de arquitetura.

Assegura também que o gótico não passa de uma arte industrial, pois repete os elementos sem levar em conta sua proporção. E para ocultar as falsas formas estruturais, coloca ornamentos onde convém distrair a atenção. O compara a um corcunda que "se enfeita com tiras de pano coloridas" para dissimular o defeito físico; os demais também percebem o problema, mas costumam disfarçar em consideração aos incômodos causados.

Comenta que a grande aclamação que vem recebendo a arte gótica é de caráter literário, pois a tomam como uma personificação do Romantismo (em seu significado novelístico). Uma construção gótica adquire sua expressão

---

rosácea do leste (negro) jamais é atingida pelos raios solares; a rosácea do oeste (branco) se ilumina com o sol do meio dia; e a rosácea central (vermelho) incandesce com os rubros raios do sol poente. (N. da T.)

máxima quando está em ruínas, coberta pela vegetação e contemplada à luz da lua, ou seja, quando não se pode ver quase nada. Tudo isso se opõe à visão plástica.

A Estrutura Que Sustenta o Templo

A construção da maquete do Templo não é nenhum capricho, pois serve de estudo e, para sua construção, tivemos de resolver os mesmos problemas que ocorreriam em escala normal, isto é, ao natural. Os pés-direitos terão o corte e a direção resultantes das curvas de equilíbrio. As quatro colunas que darão sustentáculo ao zimbório serão de ferro, pois deverão suportar um grande peso. Se fossem de pedra, ocupariam demasiado espaço bem no centro do Templo. Estes quatro pés-direitos de ferro não terão revestimento de outro material e provavelmente serão pintados de dourado[2].

O Templo não terá contrafortes. Aqueles que poderiam parecer contrafortes, na abside, não passam de pesos mortos ali dispostos para torná-los harmônicos com os campanários que serão erguidos em cada uma das fachadas. Os pináculos já construídos na abside têm cinqüenta metros de altura; os campanários do Portal do Nascimento terão uns cem metros e o zimbório uns 150 metros. Com um grande volume de dados e coeficientes, explica os resultados das experiências por ele realizadas no laboratório da Universidade Industrial. Adverte que trabalha os materiais a um décimo de seu coeficiente de ruptura.

Arquitetura Policromática

Nós nos dirigimos até a maquete policromática da Porta do Nascimento. Gaudí explica a razão da policromia. Os gregos pintavam seu mármore pentélico, qual açúcar cristalizado

---

2. Gaudí pensou em fazer estas colunas de mármore, mas com este material elas precisariam ter um diâmetro de dois metros.

e cor de cera, com estuques à base de cal. As pessoas do norte afirmam que a policromia é um sinal de barbárie e que a brancura é mais austera; isto se deve, na verdade, ao fato de eles não sentirem a cor. Gaudí fala de uma grande delegação alemã, que, com a missão de provar esta tese antipolicromática, deslocou-se ao Partenon para estudá-lo. Acreditavam não achar vestígios de estuque e, ao encontrá-los, guardaram silêncio sobre o resultado da investigação para não serem obrigados a validar um testemunho a favor da policromia grega.

Na Sagrada Família apenas serão multicoloridas as partes inferiores não atingidas pelo sol. Afirma que as partes altas se policromarão naturalmente, pois o sol é um magistral pintor, que colore nossa região com os mais belos matizes cromáticos: as muralhas de Tarragona exibem as infinitas tonalidades do cobre, e a Catedral da Sé também tem cores vistosas como as daqui. Os edifícios do norte possuem cores sombrias, como o verde escuro e o negro. Explica os agentes que o produzem. Na Sagrada Família, os séculos se encarregarão da pintura. Afirma que na arte deve haver vida e que esta se manifesta principalmente por meio da cor. Uma pessoa, ao morrer, perde a cor e costuma-se dizer a uma pessoa pálida que parece morta.

Longa Duração das Obras

O Templo cresce pouco a pouco, mas isto acontece com tudo que está fadado a ter longa vida. Constantes interrupções no crescimento também fazem parte da natureza. Os carvalhos centenários levam anos e anos para ficarem gigantescos e ciclicamente gélidas nevascas interrompem seu crescimento. Ao contrário, o junco sobe rápido como uma flecha, mas, quando chega o outono, o vento, numa lufada, o abate e não se fala mais dele. Recentemente publicou-se um estudo sobre a Catedral de Reims, o mais belo dos templos góticos. Em sua história ficamos sabendo que, por vários séculos, os sacerdotes percorreram a Europa atrás de donativos para sua construção.

Procedimento de Cálculo

Entramos nos escritórios de obra. Ele nos mostra uma série de cálculos, minuciosamente anotados em papel vegetal. Diz que calcula tudo; primeiro suspendendo pequenos pesos para achar a curva de equilíbrio*. Quando esta é encontrada, reveste-a com formas e materiais, cujos pesos volta a revisar, pois, em várias ocasiões, estas curvas de equilíbrio podem variar. Deste modo é criada a forma lógica nascida da necessidade.

Ele encontrou as curvas de equilíbrio da Sagrada Família por meio de métodos gráficos. As da Colônia Güell foram achadas experimentalmente[3]; Gaudí afirma que ambos procedimentos vêm a ser o mesmo já que um é filho do outro.

Fala-nos sobre este modo de calcular, necessário para a limitada inteligência humana. A base de todo raciocínio é a regra de três, a proporção matemática, o silogismo. O homem deve recorrer a estes métodos; primeiro supõe o conhecimento de uma coisa para encontrar outra que lhe sirva de base. Primeiro avança um pé, depois o outro. Um problema com várias incógnitas deve ser resolvido por partes. O homem costuma valer-se de duas coisas conhecidas comparadas entre si para deduzir a relação desconhecida

---

* Gaudí estendia uma série de fios ou correntes e nesta "rede" pendurava, em certas interseções, alguns pesinhos proporcionados. A lei da gravidade gerava uma forma perfeita mediante arcos e curvas de equilíbrio. Posteriormente, a forma era fotografada e invertida. Tinha então uma estrutura arquitetônica perfeita e orgânica, com todas as forças e resistências calculadas. Concepção que a engenharia da época não estava preparada para solucionar pelos meios tradicionais de construção. (N. da T.)

3. Este processo consiste em substituir as curvas de equilíbrio por correntes ou fios e as forças por pequenos pesos proporcionados. Colocado em escala e na posição inversa, as correntes assumem a forma perfeita que devem ter os arcos no projeto.

entre outras duas; isto se exprime na formulação "*a* está para *b* assim como *c* está para *d*".

Estática das Torres

Explica que as torres serão dedicadas aos evangelistas. Diz que serão octogonais e suas cúpulas formadas por parabolóides hiperbólicos. As paredes, côncavas por fora, terão o centro de gravidade em A e as abóbadas em B, e a resultante cairá sobre o sólido em C (fig. 1). A torre central, que será a maior, fundamenta-se no mesmo princípio. Mas como pesará mais, para aliviar o peso, suas paredes terão umas colunas D que esmaecerão a luz EF reduzindo a pressão das abóbadas. A torre maior estará unida às de seu entorno por meio de passarelas que fortificarão o conjunto. Estas torres também foram calculadas levando-se em conta a força do vento.

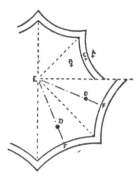

Fig. 1. Esquemas das plantas das torres centrais

Vantagens Construtivas dos Parabolóides Hiperbólicos

Gaudí, quando concebeu as abóbadas na forma de parabolóides hiperbólicos, a princípio hesitou em adotá-las, pois aquilo jamais havia sido feito. Mas como isso não pode servir de obstáculo, pois do contrário não haveria progresso, primeiro testou-as na Colônia Güell e, devido a seu bom desempenho, resolveu utilizá-las na Sagrada Família.

Insiste que estas abóbadas não são mais que simples paredes, cujas diretrizes não são paralelas, e os pedreiros, para erguê-las, não necessitarão mais que dois esquadros e um fio, tal qual utilizam para erguer uma simples parede. O operário da obra tem a impressão que faz uma superfície plana, mas esta acaba saindo abaulada.

Uma Aula de Geometria através da Visão

Sobre a mesa encontra-se um parabolóide hiperbólico feito com quatro ripas e fios vermelhos. Para demonstrar na prática suas propriedades, Gaudí faz entrar a luz do sol no escritório de obras, levantando um engenhoso alçapão na cobertura que funciona com contrapesos (fig. 2)[4]. Mostra-nos as projeções do parabolóide hiperbólico, por meio de sua sombra projetada numa prancheta. Segundo a posição deste, aparecem linhas radiais ou paralelas. O arquiteto nos revela que esta superfície representa a síntese de toda a geometria, afirmando que tudo sai do parabolóide hiperbólico.

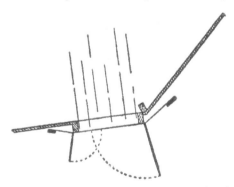

Fig. 2. Dispositivo que deixa passar a luz através da cobertura.

4. No inverno, em dias de sol, era muito agradável ver como aquele espaço se tornava parcialmente descoberto, sendo invadido pela luz solar por meio de um engenhoso jogo de alavancas e contrapesos de fácil manejo.

Pergunta: Não seria atraente uma geometria explicada desta maneira? Responde que não há nada melhor que fazer coisas, explicitando-as de forma visual. Deste modo não são esquecidas e se revelam de verdade. A melhor forma de provar algo ocorre quando alguém, ao ver uma coisa, exclama: "É verdade, eu vi". Quando um problema é demonstrado em matemática, costuma-se dizer que "é evidente". A "evidência" representa para os olhos do espírito o que "a visão" é para os olhos do corpo.

Gaudí nos mostra inúmeras vezes as interseções de um plano com o hiperbolóide sendo girado no espaço por meio de um método engenhoso e simples. Consiste numa madeira plana com uma ranhura reta, que permite a passagem de um filete de raios de sol, formando um plano de luz; encontra-se interposto, nesta superfície, o hiperbolóide, construído com fios (geratrizes) atados a dois círculos de arame (geratrizes), tornam-se claramente visíveis as interseções obtidas segundo as posições do hiperbolóide (fig. 3).

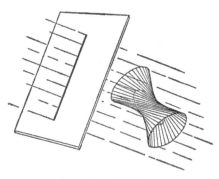

Fig. 3. Interseções de um hiperbolóide com um plano de luz.

Despedida

Despedimo-nos. Gaudí confessa estar com a garganta irritada. O engenheiro Felipe Cardellach, professor da faculdade, que acompanhou a visitação com os alunos, felicita-o. Gaudí acha inoportuno tal agradecimento e diz: "Se o senhor continuar a agradecer-me, paramos por aqui".

Ele nos acompanha até a rua e me parece tê-lo ouvido dizer que as coisas devem amadurecer muito. Comenta que o doutor Torras i Bages, um dos nossos maiores luminares, publicou sua primeira obra aos quarenta anos. Não sei o motivo destas palavras, pois, quando saía, não me foi possível por alguns momentos acompanhar o que falava.

5. GAUDÍ ESCULTOR

[21 de fevereiro de 1915]

Moldados do Natural

Hoje fomos visitar a Sagrada Família com os estudantes da Escola de Belas-Artes. Gaudí, no escritório de obras e numa dependência anexa, nos mostra inúmeras formas de gesso, moldadas diretamente do corpo de pessoas, que foram utilizadas para as esculturas do Templo, obra do próprio arquiteto.

Estas formas foram tiradas de pessoas semelhantes ao tipo escolhido para cada escultura, moldadas com um mínimo de roupa e logo trajadas com trapos ou panos mais ou menos finos, segundo a característica que se queria dar à indumentária. Uma vez estudada a composição do vestuário e das dobras, estas são solidificadas através de várias camadas de gesso. Os cabelos são obtidos com cânhamo impregnado de gesso ou arame, quando se quer

89

exprimi-los esvoaçando sob o forte vento. Isto terminado, os modelos são reproduzidos em barro, nas proporções definitivas, aplicando-lhes uma medida de alongamento, proporcional à altura que ficarão dispostas. Uma vez reproduzidos em gesso, coloca os modelos no lugar destinado e ali os mantém em observação por longo tempo, a fim de fazer as correções percebidas pela visão direta, antes de entalhá-los em pedra[1].

Arte, Beleza e Verdade

Revela-nos que a Arte é a Beleza e a Beleza é o resplendor da Verdade e que, sem Verdade, não há Arte. Para se conhecer a Verdade, é preciso conhecer as coisas a fundo. A Beleza é a Vida; a Vida se encontra na forma humana e se manifesta em seu movimento.

Importância Expressiva do Esqueleto

O que articula o movimento do homem é o esqueleto, que é um conjunto de sistemas de alavancas movidas por músculos. Estes funcionam como motores. A mais sublime expressão da forma humana é seu esqueleto; o resto não passa de detalhes que o recobrem, muitos dos quais, vistos à distância, desaparecem.

---

1. Quintana revelou maiores detalhes deste processo escultórico. Eram os seguintes: 1) Esboço do que se desejava esculpir; para realizar estes estudos, Gaudí contava com o escultor Mani; 2) Moldes feitos com uma pessoa viva na postura correta e com as características físicas do esboço; 3) Redução do estudo anterior; 4) O modelo reduzido é vestido com um pano para que se possa observar as dobras; 5) Aumentar por pontos até atingir um quarto da medida final, com a correção das deformações da perspectiva; 6) Reproduzir em barro na dimensão definitiva, por meio de um módulo de prolongamento, e moldá-lo em gesso. Se lhe conviesse, Gaudí colocava o modelo no lugar destinado e o cortava em peças do tamanho que deveria ter a pedra; 7) Reprodução em pedra do modelo anterior.

Procedimento para o Estudo de uma Figura Humana

Devido a isto, Gaudí nos revela que costuma usar esqueletos para estudar a figura humana. Possui um de verdade e um metálico, cinco vezes menor que o natural. Tem também modelos de arame, muito pequenos[2] capazes de adotar todas as posturas desejadas. Alguns têm películas metálicas fixadas nos mesmos lugares dos músculos, permitindo movimentos diversos dos naturais, e até incham quando se contraem. Outros são recobertos com uma fina tela de metal semelhante à pele.

Mostra-nos a fotografia de um anjo, totalmente insuflado de vida, que fez para a Catedral de Palma, utilizando este sistema. Comenta que os modelos vivos usados pelos artistas não servem pois, geralmente, adotam posições cômodas e, desta maneira, comandam o artista em vez de ser o contrário.

Existem dois procedimentos para se pesquisar o esqueleto: um é o estudo direto com os esqueletos do cemitério, e outro por meio da observação dos movimentos anatômicos do corpo em movimento. Os gregos foram mestres neste último, favorecidos pelos jogos olímpicos. Os artistas do Renascimento, apesar de admiráveis, esqueceram o estudo do esqueleto, como também os da decadência grega. Benvenuto Cellini foi um dos artistas que estudou a fundo esta anatomia; a ele foi confiada a restauração de uma estátua grega e até hoje não se sabe qual seria a parte refeita. Michelangelo deu preferência à parte muscular e, neste sentido, é inferior a Cellini. Na Espanha, tivemos o artista ourives Juan de Arfe, que recomendava o estudo do esqueleto e lamentava que este costume era pouco praticado apesar da facilidade de encontrar esqueletos nos cemitérios.

---

2. O esqueleto de metal e os modelos que mediam poucos centímetros foram feitos pelo próprio Gaudí, que possuía uma grande habilidade manual.

Tipos Étnicos

Devem ser estudados os tipos étnicos que compõem a humanidade. Na orla do mar, eles se encontram mesclados, pois as correntes marítimas sempre foram os caminhos naturais de união entre os povos. Portanto, nas praias torna-se difícil encontrar alguém com traços étnicos puros. Na Catalunha temos tipos antigos, como os "ilergetes" na província de Lérida, que povoam a comarca que vai do alto Pirineu até Garraf, onde levam a pastar seus rebanhos sem ter de atravessar nenhum rio importante; os "iberos" estão em Tortosa, ao longo da corrente do rio Ebro; nos campos de Tarragona, lavrando a terra, podemos encontrar tipos idênticos aos imperadores e patrícios "romanos" que costumamos ver estampados nas moedas antigas; o tipo "grego" ainda perdura em Ampurias e o "fenício" em Ibiza. Gaudí aconselha que deveríamos ter retratos de todos estes tipos.

Vantagens deste Procedimento para Encontrar a Emoção Desejada

Explica-nos que, da maneira como faz, a utilização do esqueleto simplifica as composições. Muitas vezes acontece que, ao modificar-se um braço num desenho, torna-se necessário transformar toda a composição. Isto não ocorreria se desde o princípio o modelo fosse colocado na posição desejada, buscando-se a expressão correta da emoção que se pretende encontrar. E isto ficaria mais fácil, ao se dispor o esqueleto na posição conveniente.

Falsa Emoção

Não podemos esquecer que a emoção pode ser infantil e inclusive equivocada.

Relembra aquela mulher da parábola bíblica que havia perdido um vintém e, ao encontrá-lo, sua emoção foi tão forte que chamou toda a vizinhança. Com o pintor Lagar ocorre a mesma coisa, como recentemente comprovou-se numa exposição na Sala Dalmau[3]; ele transferiu para as telas sua enorme emoção de uma pretensa visão de luzes; mas o que estava distante, coloca em primeiro plano. Nelas podemos encontrar a emoção, mas não a verdade, e por isso não existe obra de arte.

Prevenção contra o Afã de Originalidade

Não nos podemos deixar tomar pela avidez de sermos originais. Se não nos apoiarmos no que já foi feito, não chegaremos a parte alguma e incorreremos em todos os erros cometidos ao longo dos séculos. Não devemos menosprezar o ensinamento do passado. O estilo – termo que provém de "estilete"[4] – cada qual o leva dentro de si e flui espontaneamente sem que sequer o percebamos.

Visão Mediterrânea da Beleza

Aconselha, com toda a convicção, que jamais tentemos buscar no norte a Arte e a Beleza; pois estas se encontram no Mediterrâneo, de cujas costas – Egito, Assíria, Grécia, Roma, Espanha e Norte da África – saíram todas as obras de arte.

Tanto o norte como as zonas tórridas não recebem luz a 45 graus, que é a melhor posição para a perfeita visão dos objetos. Ao haver escassez de luz ou abundância zenital desta, os objetos com iluminação inadequada aparecem

---

3. Galeria de antigüidades e pintura que se encontrava na rua Puertaferrisa e promovia as mais modernas tendências.
4. Estilete utilizado na antigüidade para escrever em cera, na qual eram registrados os traços característicos de cada pessoa.

deformados; em vez do objeto, vê-se o espectro deste. Suas mentes então se povoam de fantasmas e nelas predomina a fantasia. No norte, a literatura é fantástica como a arquitetura gótica; igualmente são fantásticas as obras de arte e os poemas da Índia. Nós, homens do Mediterrâneo, temos os olhos acostumados às imagens e não a espectros. Somos mais imaginativos que fantásticos, portanto mais aptos às artes plásticas.

O Reflexo a Serviço da Arte Escultural

Mostra-nos dois espelhos maiores que uma pessoa articulados verticalmente com dobradiças que possibilitam a variação dos ângulos. São utilizados para a observação simultânea dos modelos, os quais estuda por todos os lados. Diz que o relevo fica mais acentuado de perfil e deste modo, ao mover os espelhos, observa todos os perfis e cinco imagens simultaneamente: a imagem direta, duas por simples reflexão e duas por reflexão dupla. Entrega-nos uma fotografia que ilustra este método e comenta a importância de se conhecer o ser humano em todas suas facetas. Teve de estudar a fundo a questão para poder resolver este mesmo problema milhares de vezes na Sagrada Família. Revela que estudou por dois anos o método com os esqueletos, sem passeios ou outras distrações, quando esteve em Mallorca.

Descemos[5] e lá embaixo tivemos a oportunidade de ver inúmeras fotos de homens em movimento e esqueletos de cavalos. Havia também um esqueleto metálico, com todas as articulações, cravado numa cruz.

5. Dependência onde se encontrava a maquete do Templo.

O Helenismo da Sagrada Família

Saímos. Lá fora conta que teve nos elementos decorativos do Templo um cuidado especial com o contraste entre as formas convexas e as côncavas, e que estas últimas ressaltam as primeiras. Critica aqueles que, para chamar a atenção sobre algum detalhe, acentuam suas linhas obtendo deste modo uma espécie de caricatura. Não é assim que se faz. E os gregos bem o sabiam; na Vênus de Milo, as dobras de sua veste não têm concavidade alguma detalhada, apenas as convexas o são. Adotamos o mesmo critério na Sagrada Família.

Casa Fernandez y Andrés (Casa dos Botins), em León, construída em 1892/1893.

Um dos torreões da Casa Fernandez y Andrés (Casa dos Botins), em León, cuja constução deu margem a comentários alarmistas.

Remate da porta central da fachada do Nascimento, que simboliza a caridade representada pelo coração e o anagrama de Cristo.

Anjos dispostos na fachada do Nascimento, segundo a concepção de Gaudí.

Modelos que utilizava para estudar as expressões das estátuas.

6. AS VOZES, A COBERTURA E O SIMBOLISMO DO TEMPLO

[21 de março de 1915]

Policromia

Hoje, quem visita a Sagrada Família são os membros da Associação dos Arquitetos da Catalunha. Gaudí explica o policromatismo da maquete com seus costumeiros exemplos. Cita o infeliz comentário feito pela Infanta Paz, de que o Templo ficaria mais bonito sem cores. Volta a insistir no fato de que os do norte julgam que o colorido dos edifícios lhes tira a sobriedade, mas a verdade é que eles não o entendem.

Dimensão da Escultura Monumental

Explica a regra que altera as dimensões das esculturas conforme a altura que estão dispostas. Devemos considerar que a observação do edifício se dê num ângulo de sessenta graus no exterior e noventa no interior, que é a inclinação mínima para podermos ver o conjunto e a máxima para se apreciar os detalhes. Isto estabelece a dimensão das estátuas, partindo do princípio que uma cabeça pode ser reconhecida a uma distância de quinhentos diâmetros. Além de se aumentar o tamanho conforme a distância, também deve ser exagerado seu comprimento em proporção à altura em que serão dispostas as figuras, a fim de compensar os efeitos da perspectiva. Este alongamento das estátuas situadas a grande altura deve ser feito escolhendo-se tipos altos e delgados e o aumento de tamanho, comparado as que se encontram num nível mais baixo, se dá através da projeção que compreende a estátua acima da linha vertical que sai da base do edifício e que tem como centro o ponto de observação. Ver a figura ao lado onde se pode notar que *a b* é igual a *cd*, e AB menor que CD (fig. 4).

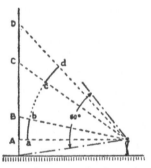

Fig. 4. Gráfico para medir o tamanho da escultura monumental.

No entanto, é preciso tomar todo cuidado para não alterar de forma visível os tipos humanos, pois isto nos conduziria a resultados caricaturais. O modo mais fácil de cumprir esta regra consiste em contar sempre com duas escalas: uma fixa para as medidas horizontais e outra móvel para as verticais, nas quais os centímetros tornam-se maiores, nas proporções desejadas, conforme a altura.

Muitos escultores tentam realizar este processo "a olho" mas é impossível, pois, para se obter o resultado exato, a estátua deveria ser feita no local onde estaria destinada. Cita as estátuas de Colombo no monumento do Porto em Barcelona, e a imagem da Virgem de la Merced sobre a cúpula de sua Catedral, como exemplos de escultura arquitetônica bem proporcionada. Ao contrário, a Santa Helena do zimbório da Catedral, que se encontra demasiado elevada, é muito pequena e inadequada para o lugar que ocupa.

Monstros na Escultura

Ele nos ensina um modelo para esculpir as figuras assustadoras que serão representadas no inferno[1]. O segredo para obter-se a expressão adequada consiste em se modelar uma pessoa com as atitudes e expressões de uma besta, pois esta é, na verdade, a própria pessoa quando se esquece da dignidade que lhe é peculiar e se aproxima da bestialidade.

As Capelas do Templo

O Templo comportará sete capelas absidais, e cada uma delas será coberta por uma pequena cúpula e mesmo de fora poderão ser apreciados seus altares. O excesso de capelas nos templos se originou numa época em que havia muitos donativos, que hoje já não existem, bem como as missas particulares. A missa solene é o ofício, uma missa cantada que se celebra no altar principal. Este último será erguido entre o cruzeiro e o zimbório da abside.

---

1. O inferno, segundo a concepção de Gaudí, estaria representado na fachada principal, situada no nível da rua Mallorca, na forma de passagem subterrânea, embaixo da praça, que daria acesso ao Templo, e que deveria estender-se até o outro lado da rua, terminando numa escadaria.

A Liturgia

Subimos até os escritórios de obras e mais uma vez ele nos mostra e recomenda sua biblioteca litúrgica. Dela Gaudí se serve para resolver aspectos nos quais, além do caráter litúrgico, consegue efeitos de grande beleza plástica. Antes nos comentara que graças ao auxílio da liturgia "não cometia o ridículo" que fazem outros arquitetos.

A Supremacia da Palavra

Demonstra-nos a excelência da palavra. Afirma que a palavra é o tempo; sem ela a arquitetura seria arqueologia, algo morto sem espírito. Tombam os templos e a religião permanece; o projeto dos templos jamais se altera*; no entanto, em outros tipos de construções, as finalidades para que foram erguidas costumam findar-se antes delas.

Através da palavra vivenciamos épocas passadas e futuras. Devido a isto, a palavra, que é o tempo e veículo da oração, não poderá faltar no Templo. Nele, terão muita importância os lugares destinados aos coros de homens, de mulheres (gineceu) e de crianças. A palavra dominará a música.

Os Sinos

Do lado de fora serão erguidos os campanários, com sinos de três tipos: os normais, afinados nas notas mi, sol, do, que são os tons mais fáceis de se obter nestes sinos; os tubulares que soarão pela percussão e outros, também tubulares, que vibrarão por meio de ar comprimido. Estes últimos contêm todas as notas e poderão ser tocados como

---

* Lautreamont escreve em seus *Cantos de Maldoror* que "As pirâmides dos geômetras durarão mais que as do Egito". (N. da T.)

um piano ou órgão. O piano apenas toca, ao passo que o órgão canta, aproximando-se mais à palavra.

A Cobertura Dupla do Templo

A seguir fala das abóbadas e da parte superior do Templo. Comenta que a cobertura será dupla e pretende fazê-la com duas camadas de pedra. Um edifício com um telhado é incompleto, ainda que alguns arquitetos pensem o contrário. Este critério apenas é tolerável a um mestre de obras ou a um pedreiro que se interessem por tapar goteiras freqüentemente, mas não a um arquiteto que deve zelar para que estas coisas não aconteçam.

Muitas catedrais perderam suas cúpulas pois tiveram queimados seus telhados de madeira. Assim ocorreu com a de Reims, que antes do último incêndio provocado pelos alemães já sofrera outros. A verdade é que ficaram um século reconstruindo as abóbadas.

Acrescenta também que o gótico é uma arte imperfeita, uma arte industrial que ainda está para ser resolvida. Os do norte costumam ficar indignados ao ouvir isto, mas é a verdade.

Pés Direitos

Na Sagrada Família, a cobertura será construída com placas de pedra (igual ao Partenon). Não terá contrafortes nem arcobotantes. (Se em Reims o telhado fosse de pedra seriam necessários uns botaréus colossais). O zimbório será suspenso por quatro colunas de ferro fundido que terão aproximadamente 1,50 metros de diâmetro. Se fossem de pedra, este deveria ser no mínimo de cinco metros e como a largura da nave central do Templo é de quinze metros, não sobraria mais que cinco metros de espaço livre, e os braços da cruz que formam sua estrutura não ficariam unidos, mas separados pelo cruzeiro, como ocorre na igreja de San Saturnino de Tolosa, no sul da França[2].

Uma Planta Inacabada

Mostra-nos uma planta do Templo por ele mesmo desenhada, que apenas detalha fragmentos da obra. Confessa ser um "incompetente" e que não sabe desenhar. A planta deixa de retratar a totalidade do projeto, porque "não sabe mais continuar", pois tem preguiça intelectual e nega-se a folhear livros, recortá-los e colar os pedaços como costumam fazer alguns arquitetos.

Esclarece que o único desenho que fez na vida foi o do projeto da fachada da Catedral de Barcelona, original do arquiteto Juan Martorell, a quem tece lautos elogios.

Estrutura e Simbolismo do Templo

Explica a estrutura do Templo que será composta por cinco naves, sendo três delas dispostas em cruz, em cujas extremidades se erguerão duas portas laterais, e uma principal que dará para a fachada da rua Mallorca. A abside, que já tem suas paredes construídas, terá sete capelas que, no exterior, se unirão a outros tantos pináculos, e estará coroada por um zimbório dedicado à Virgem. Os três portais terminarão em quatro torres, cada uma delas dedicada a um apóstolo, cuja imagem estará sob um dossel. As torres laterais alcançarão uma altura de cem metros, e as da fachada principal as superarão. No centro do cruzeiro erguer-se-á a mais alta, de 150 metros, dedicada a Jesus Cristo e rodeada por quatro menores, que ultrapassarão as anteriores, dedicadas aos evangelhistas. O claustro, ao contrário das outras catedrais, nas quais ocupa um espaço

2. Ver a nota 2, p. 81.

anexo, aqui rodeará o Templo exteriormente, para o isolar dos ruídos da rua e se ligará ao interior por meio de três portais. Uma destas passagens já está terminada com o Portal do Rosário. No claustro poderão ser celebradas procissões e atos similares que não exijam sair à rua.

Em seu conjunto, o Templo, além de celebrar o culto divino, representará plasticamente as verdades da religião e a glorificação de Deus e de seus santos.

O Portal do Nascimento

A fachada nordeste (atualmente em construção) é dedicada ao Nascimento de Jesus. Para representar a alegria e as promessas deste transcendental acontecimento, foram utilizadas formas suaves e otimistas, com inúmeras figuras e motivos animais e vegetais que nos fazem lembrar do Natal.

Nas três portas desta fachada, foram simbolizadas a Fé, a Esperança e a Caridade; as duas primeiras, nas portas laterais, estarão ornadas com janelas de dimensões regulares, repletas de figuras alusivas. A porta central possui dimensões gigantescas e é dedicada à Caridade, representada pelo coração que mais nos amou, o de Jesus, do qual gotejará o sangue redentor, que os anjos, com seus cálices, derramarão pelo mundo.

A coluna, que tem a função de esmaecer a luz na porta do centro (protegida por uma grade de ferro engenhosamente forjada), leva a seu redor uma tira helicoidal, onde figuram os nomes da genealogia de Cristo. Na parte inferior, a serpente com a maçã na boca, e na superior, o menino Jesus em Belém, com o boi e a mula. Nas duas lâminas da porta estão representados os Reis Magos e os Pastores, e na parte de cima, respingos de gelo e signos do zodíaco na posição em que se encontravam no dia do nascimento de Cristo.

O resto da fachada conterá representações da infância de Jesus, da fuga do Egito, da disputa com os doutores da Lei da carpintaria em Nazaré e dos mistérios, como o da Santíssima Trindade e da Imaculada Concepção. O mentor deste portal será São José, o patriarca da Sagrada Família.

O Portal da Paixão

Na parte posterior do Templo, frente ao Poente, se encontrará a porta da Paixão, de formas despojadas e sóbrias, denotando o grande sofrimento que se propõe a representar. A imagem de Jesus crucificado presidirá a porta central, das três que terá, com a Virgem e São João a seus pés e na parte inferior estarão aqueles que assistiram à agonia de Jesus: os bons à direita – como as santas mulheres, Longinos, o bom ladrão – e os maus à esquerda – os soldados que o ultrajaram e o mau ladrão. Acima do crucifixo irá a palavra *Veritas*, significando que Ele é a Verdade, pois, como freqüentemente diz o Evangelho, a verdade da vida é o sacrifício e a dor. Na parte superior estará Jesus lavando os pés dos apóstolos como prova de humildade e amor, com a palavra *Vita*, significando que a vida não é possível sem amor. Mais acima estará a Santa Ceia com a instituição da Eucaristia e, bem no topo, a Ressurreição, simbolizada com o sepulcro vazio, o anjo e as três Marias. Nas partes laterais, outras cenas relacionadas à paixão trarão escrita a palavra *Via*, cujo significado é caminho. À direita estará a entrada triunfal de Jesus em Jerusalém e à esquerda sua saída desta cidade, com a cruz no ombro rumo ao Calvário. Outras cenas dos processos ocorridos em ambientes internos também constarão, incrustadas em pequenos nichos. Um amplo frontão mostrará as representações das virtudes teológicas, e será coroado com a Cruz gloriosa sendo carregada pelos anjos ao Céu.

A Fachada Principal

Na fachada principal, como em todos os grandes templos, será representado o homem em sua vida e morte, tendo o Céu como recompensa ou o Inferno como punição. À meia altura estará a vida humana representada pelos diversos ofícios do cotidiano, presididos por São José em sua carpintaria; e sob sua imagem poderão ser vistos Adão e Eva, que, com sua queda do céu, obrigaram os homens ao trabalho como punição. Embaixo, num grande friso estará o Purgatório, local de transição entre a terra e o céu, e no nível do pavimento do pórtico, veremos a morte nas sepulturas para exumação. Abaixo, coincidindo com o nível da rua Mallorca, será representado o inferno, imerso na escuridão e povoado por demônios, monstros, ídolos, hereges, apóstatas e outros condenados.

Acima de São José estará a Virgem, cercada por santos no interior das galerias do pórtico. Sobre este conjunto estará outro grupo de Cristo com os atributos da Paixão, e sete anjos com trombetas, como alegoria do Juízo Final. Regendo a cena estará o Pai Eterno, acompanhado por espíritos angelicais, e representações laterais dos sete dias da Criação.

No pórtico de uns quarenta metros de altura, haverá sete portas pelas quais se entrará no Templo. Cada uma delas será dedicada a um sacramento e também à petição do Pai Nosso. A primeira dará entrada ao batistério, e corresponderá ao Batismo, a sétima estará relacionada à Penitência, comunicando-se à capela homônima. Estes dois sacramentos abarcam, do nascimento à morte, a vida do homem, que é representada pelos outros cinco sacramentos e pedidos das cinco portas restantes, que coincidirão com as naves do Templo, em cujo interior desenvolve-se a vida cristã.

Na praça, diante do Templo, serão erguidos dois imensos monumentos: um dedicado à água e outro ao fogo, elementos que purificam a humanidade. O primeiro poderá ser admirado frente ao Portal do Batismo e terá quatro

grandes chafarizes, dedicados aos quatro rios que circunda-
vam o paraíso terreno, e lançarão água a mais de vinte metros de altura. Frente à porta da Penitência será erguido um
monumental obelisco, em cujo ápice estarão dispostos três
tocheiros de ferro. Desta forma, estarão reunidos, diante do
Templo, os quatro elementos: água, terra, fogo e ar.

Concluída a explicação sobre o simbolismo das três
fachadas, que Gaudí efetuou com muitos detalhes não re-
latados em minha exposição, amavelmente dispôs-se aos
presentes a tudo que pudesse ajudá-los.

Adverte-nos que suas palavras são fruto de um estudo
de 31 anos dedicados à construção do Templo: a metade
exata de sua vida. Diz ter 62 anos.

7. ORIGINAL A CONTRAGOSTO

[11 de agosto de 1915]

Até hoje, não havia anotado esta conversa que tive com Gaudí no final de junho. Fora ao Templo na companhia de Folguera e, ao chegarmos, dom Antonio estava de saída. Na rua, enquanto aguardava o bonde, convidou-nos a acompanhá-lo e juntos nos dirigimos até a praça Urquinaona.

Formas Geométricas

Falou-nos da estrutura do Templo e das estruturas arquitetônicas em geral. Disse que todos os elementos estruturais da Sagrada Família estavam fundamentados nas formas geométricas. Criticou aqueles que apenas denominam de geométricas as formas poliédricas. E não seriam também geométricos os parabolóides? E os helicóides, com suas sinuosas e sutis curvaturas?

Perfeição das Formas Contínuas

Acredita que as formas contínuas são as perfeitas. É comum estabelecer-se uma dicotomia entre os elementos que sustêm e os sustentados, o que é absurdo, pois estes podem ser simultaneamente ambas as coisas. Esta distinção dá origem ao equívoco que nasce da solução de continuidade ao se passar do elemento que sustém ao elemento sustentado. Nas aberturas, quando se passa da ombreira ao umbral, é costumeiro colocar-se algum ornamento como capitéis e cartões para desviar a atenção daquele ponto mal solucionado. Camufla-se uma concepção defeituosa com um detalhe simpático à vista, desviando-se a atenção do campo estrutural ao decorativo.

As formas poliédricas e as chamadas geométricas são muito raras na natureza. Até aquelas que o homem faz planas (portas, mesas, pranchetas etc.) acabam ficando abauladas com o passar do tempo.

A Originalidade

Pondera suas idéias estruturais e estéticas afirmando serem elas de uma lógica "indisputável" (Gaudí sempre utiliza este termo em vez de "inquestionável"). Sempre lhe ocorre que se ninguém havia as aplicado antes, ele teria sido o primeiro. Era a única coisa que o inquietava. Entretanto, estava convicto que, dado o aperfeiçoamento que trazem, tem o dever de aplicá-las.

A estrutura que terá a Sagrada Família foi pela primeira vez empregada na Colônia Güell. Sem este teste prévio, ele não teria coragem de adotá-la no Templo.

Dezembro de 1949

Ao revisar estes apontamentos, percebo que alguns temas, objeto desta conversa, escaparam à anotação sistemática.

As omissões não foram muitas e reproduzem os mesmos assuntos já tratados pela imprensa. Devido a isto, sem me importar com a cronologia, relato minhas lembranças bem como o que havia publicado nos jornais sobre esta questão tão em voga que é a da originalidade em Gaudí.

O Zimbório do Templo Inspirado numa Obra do Escultor Bonifàs

Em meados de 1921 estudava a obra do escultor Luis Bonifàs e me passou pela cabeça perguntar a Gaudí qual seria sua opinião sobre ela. Levei então ao Templo uma seleção de fotos das obras do escultor, as quais deixei com ele para que as examinasse sem pressa. Várias vezes falamos sobre o grande talento deste artista e de seu irmão Francisco, também escultor, que haviam esculpido quatro belas imagens para a Virgem de la Misericordia de Reus, plenamente por Gaudí recordadas. Confessou-me que aquelas estátuas, duas de cada irmão, estavam à altura das esculturas mais sublimes que se pode encontrar no mundo. Ao perceber minha surpresa ante o empolgado elogio, desafiou-me a compará-las a monumentos de várias cidades estrangeiras (reproduzidos em livros) e todas as estátuas de Barcelona, inclusive as mais belas[1]. Afirmou que aquela graça seráfica e a facilidade de visão plástica que Bonifàs possuía provinham das qualidades especiais da luz do Campo de Tarragona. Do mesmo modo que o arquiteto apreciava a obra deste escultor do século XVIII, Bonifàs também haveria de admirar as formas que Gaudí criava, e, se pudesse as contemplar e viver em nossos dias, engendraria decerto obras similares.

Noutra ocasião, Gaudí comentou que, ao observar as fotos que lhe deixara, duas delas mostravam a liteira usada

1. "Francesc Bonifàs, escultor Vallenc resident a Tarragona". Estudo sobre o autor, publicado no *Butlleti arqueològic de Tarragona*, maio/junho de 1921.

na Catedral de Gerona no culto à Virgem de Asunta, que lhe trariam a solução para uma das partes ainda imprecisas no projeto do futuro Templo. Achando que este dado poderia ter alguma serventia em seu estudo, publiquei umas notas sobre ele num semanário de Valls[2], que aqui reproduzo: "E a liteira de Bonifàs, em forma de edícula, tendo sobre ela uma grande coroa, os tálamos que dela se projetam suspensos por quatro anjos, e os quatro obeliscos que formam o conjunto protegendo a Virgem morta, deu a Gaudí uma visão perfeita do 'Salve Regina, Mater Misericordiae', que desde aquele momento foi incorporado ao Templo".

A visão que Gaudí teve de Bonifàs foi um *insight* brilhante, e utiliza os mesmos elementos, o mesmo espírito e o adapta ao Templo. A Liteira de Gerona será, na Sagrada Família, um zimbório de uns quarenta metros de altura. A coroa, as cortinas, os anjos, passados pelo crivo científico e pelas exigências construtivas, figurarão, na Sagrada Família, com a mesma expressão, o mesmo espírito litúrgico e decorativo que Bonifàs lhe outorgara no século XVIII. Isto vem a provar que os grandes artistas, mesmo de estilos diferentes, seguem continuamente as eternas leis da "Ars una".

Gaudí se mostra satisfeito com tal coincidência. O arquiteto do século XX, nascido no Campo de Tarragona, está contente com a lição que recebe do escultor do século XVIII, nascido no mesmo Campo; Gaudí aceita a lei eterna da "Ars una" e converte a obra de Bonifàs em sua, vangloriando-se de tê-la revigorado.

Este zimbório do Templo não se perderá entre os outros, maiores que ele. Relativamente pequeno, poderá ser transportado e sair valentemente do Templo às ruas. E isto não poderia acontecer sem a obsessão e o gozo do arquiteto pela perfeição de todos os detalhes.

Na verdade, se Gaudí não explicasse esta gênese, poucos haveriam de descobrir o parentesco entre as duas

---

2. *La Cronica de Valls*, 22 de abril de 1922, artigo "L'Escultor Bonifàs al Temple de La Sagrada Familia" assinado como X.

112

obras, por mais que formalmente existisse. Gaudí geometrizou de maneira tão requintada as tapeçarias de caráter naturalista integrantes do dossel de Bonifàs que, além de conservarem o mesmo espiríto, surgem como uma nova concepção. Esta escolha, mais que um ato de reconhecimento, pontifica a satisfação de quem descobriu uma prestigiosa ascendência para sua obra.

As Torres do Templo e os "Xiquets de Valls"*

Certa vez contou-me que uma pessoa pouco entusiasta do Templo da Sagrada Família, ao saber que os vitrais seriam decorados com a figura dos santos, representados uns sobre os outros, fez o infeliz comentário que aquilo pareceria os "Xiquets de Valls". Gaudí retrucou que mesmo que parecesse, este não seria um defeito, mas, pelo contrário, reforçaria seu simbolismo pois ninguém pode ir ao céu por seus próprios meios e, para ali chegar, teremos sempre de valer-nos uns dos outros. E com o edificante exemplo dos santos, procuraremos ascender como uma espécie de Xiquets de Valls, que multicolorirão os vitrais.

Neste momento, aproveitei para confessar-lhe algo que há tempo constatara. A forma das torres da Sagrada Família obedecia a mesma lei de equilíbrio das torres ou castelos humanos que realizam os Xiquets. Noutra ocasião, apresentei-lhe vários esquemas demonstrativos que havia desenhado. Num artigo publicado no semanário *La Crónica de Valls*[3] ainda sob o impacto da morte do mestre, escrevi:

Quanto lhe agradou essa semelhança! Do Campo de Tarragona, de Valls, deveriam ser aqueles "Xiquets" que em seus jogos e danças, quando querem honrar seus Padroeiros, eles mesmos se

---

* Castelo humano formado por atletas que se equilibram uns sobre os outros, em disposição coniforme. Tradição folclórica catalã. (N. da T.)

3. Gaudí, el Camp de Tarragona i Valls, La *Crónica de Valls*, 19 de junho de 1926.

113

alçam ao céu, seguindo por disposição estrutural a única formação possível: a mesma que Gaudí, com sua engenhosidade estrutural e rigoroso racionalismo construtivo, deu às torres do Templo, que, para honrar a Deus, elevam suas formas.

Ele ia descobrindo não apenas coincidências estruturais, mas também simbólicas, entre os castelos humanos dos "Xiquets" e as torres do Templo. Com muita alegria ele mostrava meus gráficos e fotos, e ficava muito contente ao ver confirmadas suas leis de equilíbrio nessa manifestação tão popular, tão catalã e tão viva.

Mas, não há sombra de dúvida: a curva de equilíbrio de um castelo humano dos Xiquets de Valls é idêntica à silhueta das torres do Templo.

Precedentes Históricos

A originalidade é visivelmente uma das características mais importantes da obra de Gaudí. Mas, segundo sua própria opinião, esta não seria tão grande assim. Em suas conversas notava-se que, em tudo que fazia, procurava buscar influências nas formas e procedimentos já conhecidos, afirmando que as coisas que não se enraízam na tradição tornam-se efêmeras. Em sua opinião, a história da arquitetura havia mostrado inúmeros exemplos anteriores das inovações por ele criadas. Eram casos isolados e assistemáticos que, sob o gênio de Gaudí, relacionavam-se e adquiriam categoria de estilo.

Devido a isto, ele lamentava quando, após analisar profundamente suas soluções construtivas, não conseguia encontrar precedentes históricos que as embasassem. Entretanto, convencido de que cada um deve orientar seus esforços para o avanço da cultura, aceitava sem entusiasmo a responsabilidade de ser original.

8. OS SINOS DO TEMPLO E ALGUMAS ANEDOTAS DE LEÓN

[9 de novembro de 1915]

Fui com o amigo Folguera até o Templo. Dom Antonio acabara de comer. Mostrou os testes que estava fazendo com os sinos. Ao analisar a relação pitagórica estabelecida entre som e matemática, verificava se dois tubos, sendo o diâmetro de um o dobro do outro, emitiam a mesma nota (embora com uma oitava de diferença). Percutia-os com dois pequenos martelos de peso conhecido, feitos com moedas de dez e dois centavos. Um ajudante tocava as notas num harmônio que servia como diapasão.

A Complexidade dos Sons

Falou-nos sobre a complexidade dos sons, que em cada caso parecem ser únicos e são múltiplos. Os instrumentos

115

sonoros recebem influência dos objetos que os cercam, da matéria e do modo como foram construídos. O mesmo objeto sonoro pode apresentar resultados completamente diferentes, se tocado dentro ou fora de um recinto fechado. Pois as construções são, na verdade, caixas de ressonância e, às vezes, "algum cristal canta". Por essa razão, Gaudí fazia todas suas experiências sonoras no campanário*.

Também observou que, quando o tempo está úmido, os sinos são ouvidos com menor intensidade. E isso lhe pareceu estranho, pois a física demonstra que quanto mais denso o ar, melhor podem se propagar as ondas sonoras. Gaudí explica este fenômeno pela hipótese de que com a umidade a atmosfera entra num estado esferoidal, que em vez de unir as moléculas as desagrega. Isto produziria soluções de continuidade na massa de ar, que a tornaria menos suscetível de propagar as ondas sonoras.

Mostrou-nos o tubo ressonante com o qual fazia experiências de acústica, e a caderneta onde estavam minuciosamente anotados os resultados obtidos com cada nota, bemóis e sustenidos, em diferentes instrumentos; harmônio, violino e outros tubos que tomara emprestado do Teatro do Liceu, e com os quais obtivera dados bem aproximados.

A Emoção dos Sinos

Mostrou-nos que a vibração sonora depende da matéria, e a mais vibrátil de todas é uma liga de bronze fabricada especialmente para os sinos. Gaudí afirma que quanto maior for o tempo de uso da matéria, melhor servirá para a vibração. Este é o segredo da grande emoção causada pela reverberação dos sinos, pois quanto mais velhos são, melhor é sua sonoridade. Isto acontece até romperem por excessiva velhice, dia que emitem sua mais pura vibração.

* Toquei *sitar* no campanário e nas escadas espirais da Sagrada Família. Sua extraordinária acústica pode ser ouvida na gravação "A Sitar Tribute to Gaudi" feita neste local, disponível no site www.marsicano.tk. (N. da T.)

Gaudí acredita que a melancolia do som dos sinos na hora do crepúsculo deve-se à harmonia entre o dia que morre e a voz do bronze, que se torna mais expressiva quanto mais próxima está de seu fim.

A Dificuldade de Perceber Sons Extremos

Ao experimentar os tubos, Gaudí constatou que os sons muito agudos, como os mais graves, são difíceis de serem distinguidos, pois se encontram no limite da percepção do ouvido humano. Os grandes organistas conhecem bem este fenômeno, e sempre acompanham simultaneamente uma nota extrema de outra, duas ou três oitavas mais baixas ou mais altas. Deste modo, pode-se ouvir melhor a nota que sozinha seria percebida com maior dificuldade: como se a mesma nota, em vibrações mais assimiláveis, pudesse ajudar ou preparar a audição da sonoridade difícil.

Sons Principais e Secundários

Falou sobre a miríade de sons que produz simultaneamente uma badalada de sino ou o toque de um diapasão; afirma que entre estes sons existe sempre um principal e outros secundários, e torna-se difícil separar o primeiro dos restantes. Por via de regra, nos sinos agudos a nota principal é a grave, e nos graves, a nota aguda. As pessoas consideradas desafinadas, que não conseguem perceber o tom, não inventam a nota que destoa, mas, devido a seu estado excepcional, ouvem mais aquela freqüência do que outras que lhe chegam aos ouvidos. Entre as várias sonoridades que percebemos num determinado momento, a atenção se fixa num som preponderante, muitas vezes por motivos acidentais, e esta vibração é a que pode prevalecer nos ouvidos pouco afinados.

A Geometria dos Sinos

A forma dos sinos compõe-se de duas partes: uma hiperbólica, que lhes dá o aspecto característico, e outra esferóide que é o casquete da parte superior. Cada uma delas emite seu próprio som, mas, à distância, o da esferóide se perde, ouvindo-se apenas a vibração predominante. Por esta razão, os sinos da Sagrada Família serão apenas hiperbólicos, e terão forma tubular e não cilíndrica, engendrada por hipérboles muito abertas, cujas assíntotas formarão um ângulo de sete graus que, segundo Gaudí, possui determinadas propriedades tangenciais.

Sinos Tubulares

O tubo hiperbólico, simples ou geminado, produz duas notas diferentes ao ser tocado, produto da diferença de densidade que ocorre ao ser fundido entre suas ramificações superior e inferior. Além disso, se o tubo suspenso pela garganta não ficar horizontal, mas vertical ou inclinado, a vibração da parte alta se prolonga mais que a parte baixa, devido à ação da gravidade que atrai a parte inferior e favorece a duração das vibrações altas. Portanto, é melhor que estes sinos tubulares sejam semi-hiperbólicos e suspensos verticalmente. Para um perfeito desempenho destes, o martelo os golpeará por intermédio de uma mola e, por este mecanismo, o badalo, após o golpe, retornará à sua posição inercial.

Mostra-nos alguns cortes destes sinos desenhados por ele, os quais comprovam que são hiperbólicos. Diz que já havia notado este efeito pela simples observação, pois sempre percebe a dimensão espacial à primeira vista, mediante os dois triângulos formados pelo objeto e os dois olhos, sem necessidade de recorrer aos perfis a fim de comprovar a espessura; portanto, ao verificar as hipérboles nos cortes desenhados, não surpreendeu-se, pois já havia "visto" estes hiperbolóides nos sinos.

A Origem Provável dos Sinos

Acredita que os sinos tiveram sua origem nas crateras, antigas jarras gregas de bronze, que se faziam com moldes de cera perdida. Provavelmente, verificou-se que, ao rompê-las a marteladas para tirar-lhes da forma, produziam um som peculiar agradável e assim surgiu o sino. Afirma que o primeiro deles foi utilizado pelo bispo Paulino de Nola, na Campânia, perto de Pompéia, onde ainda se mantinha viva a tradição grega.

Não Existe uma Técnica Verdadeira para se Fazer Sinos

Comenta que não encontrou nenhum livro que trate tecnicamente dos sinos, do modo que lhe interessa. Por intermédio de uma organização bibliotecária do estrangeiro, ele procurou todos os livros que existiam sobre sinos. Foram enviadas algumas obras de cunho poético (um deles tinha por título: *Les petits clochers de la France*), mas nenhum útil a sua obra. Gaudí resolveu estudar o assunto por sua própria conta, iniciando a pesquisa pela origem destes.

Acredita que os antigos preferiam as formas hiperbólicas, mas, para que seus artífices pudessem executá-los, os sinos foram projetados em arcos de círculo, que se assemelhavam à hipérbole.

Os sinos atuais não podem ser afinados, sendo preciso torneá-los a fim de reduzir ou alargar seu diâmetro interior. Isso faz com que eles acabem tornando-se mais finos e frágeis. Assim ele resolveu a questão dando-lhes forma tubular, pois, sendo hiperbolóides geométricos, permitem uma afinação mais fácil e precisa.

Sineiros sem Arte

Explicou-nos a forma como são tocados os sinos no norte da Europa; não fazendo música, mas buscando combinações entre os diferentes sinos, de tal sorte que, ao repetir uma combinação, devem suspender seu toque para que o tangido ressoe no maior tempo possível. Nestas regiões, o valor do sino é dimensionado pelo tempo de duração de seu toque. Na Inglaterra existem associações de sineiros, com seu devido presidente e afiliados que afixam nas torres placas comemorativas de badaladas notáveis, especificando seu autor, tempo de duração e data em que ocorreram. Mas, segundo Gaudí, isto não é arte, apenas puro capricho.

Experiências com os Sinos Tubulares

Na Sagrada Família, já fizemos vários testes com um similar do novo sistema de sinos. Um senhor, que doara uma soma considerável para a feitura dos sinos, pensava que já os estávamos construindo, quando ainda não havíamos passado da fase de testes. Queria um conjunto completo deles para o relógio de um povoado, e estava percebendo que a realização dos sinos em estudo seria demorada. Impaciente, mandou fundir um tubo em forma de sino na extremidade. Certo dia, Gaudí foi até a fundição e pediu que transportassem o objeto sonoro até a Sagrada Família, para fazer testes que se aproximassem o máximo possível da realidade.

O tubo foi levado e pendurado no campanário para que seu som pudesse ser observado e comparado aos sinos das outras igrejas de Barcelona. Às cinco da manhã, hora em que todos tocam, Gaudí, de sua casa na colina do Parque Güell – após pedir que o tubo da Sagrada Família soasse alguns minutos antes –, escutou a ressonância geral e verificou que apenas um sino tinha o poder de toque similar ao do Templo; era o da Concepção. Após comparar detalhadamente os dois, (a casa de Gaudí dista 2.300 metros da

Concepção e 2.000 da Sagrada Família) levando em conta peso e outras circunstâncias, comprovou que, embora o peso do sino da Concepção fosse o dobro do da Sagrada Família, seus efeitos eram os mesmos. A forma tubular provou ter melhores condições vibratórias. Gaudí finalizou a conversa pontuando: "Isto é tudo que temos estudado sobre sinos!".

Tocar Sinos com Arte

Duas horas havia se passado e Gaudí tinha de sair. Enquanto descíamos as escadas, disse que quando completasse o estudo dos sinos começaria outro sobre como movê-los. Revelou que não seria nada à base de cilindros, mas utilizaria um mecanismo elétrico. Este sistema permitiria imprimir sentimento através de um teclado, tocado como um piano ou harmônio, que em determinadas solenidades acompanharia desde fora os cantos litúrgicos. Garante que será também uma tarefa complicada. Disse-lhe que provavelmente não o seria tanto como a outra, visto se tratar de um mecanismo mais conhecido, e ele concordou.

Caminhando pela rua Mallorca em direção ao centro de Barcelona, virei-me para contemplar os campanários e observei que já estava no momento de finalizá-los. Pensei que isto iria animar o arquiteto a dizer algo mais. Explicou, então, o projeto do acabamento recentemente por ele modificado.

A Finalização dos Campanários Que não se Realiza

Os doze elementos verticais que formam cada torre se unirão aos pares, e serão reduzidos a seis, formando seis folhas de palmeira obtidas em mosaico por meio de riscos verdes e negros, em espinha de peixe de dez metros de altura cada uma, que se unirão duas a duas, restando apenas três elementos. Acima de cada um haverá um querubim com aparência de quatro ou cinco anos de idade, e de qua-

121

tro metros de altura. Estes três querubins se assemelharão aos descritos no Apocalipse, que tinham seis asas cada um: duas para resguardar a cabeça, duas para cobrir o corpo e duas para voar. Estas últimas, entrelaçadas, servirão de parapeito ao mirante situado no alto das torres, o qual terá forma de triângulo com os lados arqueados para dentro, e os querubins estarão situados nos vértices. Suas asas serão suscetíveis ao movimento suave das correntes de vento, lembrando a ventarola dos campanários. Os querubins serão moldados em tela metálica de armação indeformável, deixando o lado exterior revestido com mosaicos[1].

Dimensão das Esculturas Exteriores do Templo

A dimensão das esculturas do Portal do Nascimento estará relacionada ao Menino Jesus. As do Portal da Morte serão maiores, pois lá se encontra o percurso da vida inteira, e produzirão um efeito de tamanho natural. As do Portal Principal serão maiores que o natural, pois as que lá figuram participarão da glória de Deus, figurando além dos limites do humano.

As Doações

Chamei-lhe a atenção para o fato de que se as pessoas tivessem noção da profundidade dos estudos e do simbolismo contidos no Templo, dariam maiores contribuições para sua construção. Contestou que desconfia do dinheiro dado em vida, e que a continuidade da obra dependeria apenas de doações vindas de heranças, quando o dinheiro já não vale nada mais aos homens.

1. Gaudí costumava estudar tudo minuciosamente antes de executar. Isto resultara numa variedade imensa de soluções que iam se desenvolvendo sem passar de projetos. A solução que nos foi explicada era o aperfeiçoamento de uma anterior, que acabou sendo substituída por outra.

Continuidade das Obras do Templo

Comentamos o quanto era lamentável que ele não pudesse terminar o Templo. Gaudí disse que isto não lhe preocupava, pois envelhecerá, outros virão substituí-lo e a obra será renovada e, deste modo, será inclusive mais grandiosa. Cita o exemplo da Catedral de Tarragona, que se fosse terminada pelo mesmo arquiteto que a começou não teria tanta beleza. No decorrer do tempo, diversos artistas de talento nela deixaram sua contribuição. Lá tudo é esplêndido: o retábulo do altar principal, a capela dos Sastres, a de Santa Tecla... Apesar da diversidade de estilos, não lhe falta unidade, pois todos que nela trabalharam tiveram noção de coerência, mesmo que nosso enfoque deles divergisse. Os artistas e construtores desta Catedral procuraram tornar tudo que faziam digno da "Principal das Espanhas". Ao fundá-la, São Olegário afirmou que iria erigir a Suprema Catedral, e todos que participaram da obra seguiram seu ideal.

Deste modo, muitas imperfeições de uns foram corrigidas por outros, como aconteceu na Catedral de León, cuja abside, que perdera o esplendor, foi substituída, no século XVIII, por um magnífico retábulo barroco que lhe deu uma grande beleza. Mas, por desgraça, ele foi retirado dali a título de uma pretensa "unidade de estilo". Colocou-se em seu lugar um gótico do século XX do qual Gaudí nem quer ouvir falar.

Voltando ao tema das contribuições e da futura direção do Templo, Gaudí assinala que a Providência decerto o proverá, pois na Sagrada Família tudo é providencial. E isto vem acontecendo desde sua fundação; quando se estava começando a construir a fachada (que agora está quase pronta), uma senhora fez um donativo de setecentas mil pesetas, o que permitiu dar ao empreendimento um projeto superior, antes modestamente previsto. Procurou-se então dar à obra o maior esplendor possível, graças à perseverança de seu administrador, o senhor Dalmases, que, ao que parece, gastou nela o máximo possível, temeroso que o doutor Catalá, novamente nomeado bispo de Barcelona, destinasse os fundos a outros fins. A obra foi feita com toda exuberância, mas sem esbanjamentos.

Otimismo

Gaudí é otimista em tudo que se refere à obra. A escassez atual de recursos serve a ele como estímulo para estudar mais detalhadamente os problemas construtivos. De outro modo estaria ocupado com a organização administrativa e os aspectos técnicos do Templo não seriam tão meditados; ficariam até mais industriais, pois teriam de repetir várias soluções padronizadas. Além disto, com a pobreza, tudo fica mais despojado e elegante, pois a elegância jamais se manifesta rica e opulenta. Na abundância e na complicação não existe elegância nem beleza, apenas obscuridade.

Por esta razão, os do norte não sentem a beleza e complicam as coisas, criando filosofias obscuras e abstratas que denunciam sua carência de plasticidade. Engendram sistemas filosóficos centrados no princípio "Duvido, logo existo"*. Seria mais sincero se afirmassem: "Duvido, logo sou um ignorante", pois a dúvida é a falta de razão, de verdade e de luz.

"A Casa dos Botins Está Caindo"

Gaudí, bem-humorado, conta o que ocorreu em León, com uma casa construída por ele nesta cidade[2]. Uns engenheiros espalharam por cafés e tertúlias do lugar que a casa estaria mal alicerçada. Como o terreno não era firme, os engenheiros, saturados de procedimentos lidos nos livros, afirmaram

---

* Certa vez encontrei, na Sagrada Família, um grupo de turistas franceses que não paravam de reclamar e, devidamente munidos de seu espírito cartesiano, exclamavam: – Será que esse cara não tinha régua! (N. da T.)

2. Casa da Família Fernandes y Andrés, conhecida em León como "a Casa dos Botins".

que, na fundação desta, deveriam ter sido utilizados "pilotis, martinetes e outras bobagens" (literal). Gaudí nos mostrou que a solução consistiria apenas em aumentar sua superfície de alicerce, método já usado na Sagrada Família e nas ruínas de um edifício romano que atentamente observara.

Acontece que, para colocar uns blocos de pedra muito salientes que deveriam suportar os pesados torreões, tiveram de utilizar escoras para sustentar as pedras antes de embuti-las completamente. Quando as escoras foram colocadas, a vizinhança pensou que a casa estivesse a ponto de cair. Até a criançada, ao sair da escola, cantava: "A casa dos Botins está caindo!". Contaram a Gaudí que um engenheiro local, ao ser consultado sobre o assunto, respondeu vacilante: "Não sei...não sei...". Gaudí contestou que se aquele engenheiro não sabia resolver aquilo que era tão próprio de sua profissão, então se tratava de um ignorante.

A situação acabou por constituir um estado animoso de opinião, estimulado pelos peritos da localidade. Gaudí resolveu aceitar a obra com a ressalva de que acataria todas as opiniões contrárias dos peritos, desde que fossem feitas por escrito. Sua intenção era de expô-las publicamente quando a casa estivesse terminada.

Lamenta que em León não conseguisse concordar com ninguém, "gente de costumes diferentes que só se ocupa em jogar a malilla" (jogo de baralho). Nesta cidade recebeu várias visitas, mas dispensou educadamente a todas para não ser importunado. Hospedou-se na casa de um cônego catalão.

Aproveitei a ocasião para lhe perguntar a verdade sobre o tão comentado caso acontecido com ele em Astorga, do qual eu tinha notícias. E ele nos contou.

"Quem Manda, Manda"

Gaudí foi contratado para dirigir a obra de um claustro inacabado em Astorga. Para suportar o peso das abóbadas, colocou alguns pilares que se apoiavam numa parede de quinze centímetros de espessura e formava um corredor auxiliar[3]. As obras estavam neste ponto, quando ele teve de abandonar a cidade. Tomou seu lugar um cônego "entendido em obras", que mandou imediatamente derrubar tudo o que Gaudí fizera. Os operários, que haviam trabalhado com o grande arquiteto, advertiram-no do perigo que esta demolição acarretaria, mas o cônego, um daqueles tipos, comuns no lugar, que têm como lema: "Quem manda, manda e pé na tábua", respondeu indignado: "O que vocês entendem de arquitetura? Calem a boca e obedeçam!". Os operários "obedeceram" e o claustro veio abaixo. Uma a uma, as abóbadas foram desabando como um castelo de cartas. O cônego, ao ver o desastre, ainda saiu comentando: "Melhor, agora colocaremos vigas, e ficará muito mais bonito!".

Chegamos à praça de San Jaime e nos despedimos.

---

3. Não entendi a disposição daqueles pilares, mas suponho que seria uma estrutura de equilíbrio lógico, embora pouco usual e de difícil compreensão para pessoas não especializadas no assunto.

9. MAU ALUNO E EXCELENTE ARQUITETO

[19 de dezembro de 1915]

Aproveitando o ócio dominical, fui despedir-me de Gaudí antes de viajar para Valls. O sol quase já se punha e ele ainda almoçava. Pediu-me, pela zeladora, que subisse e, ali chegando, ofereceu a cadeira a sua frente. Ante meu embaraço, Gaudí, num tom de pilhéria disse: "Por acaso nunca viu um arquiteto comendo?". Sentei-me do outro lado da mesa, em meio a livros, desenhos e modelos corporais.

Uma Comida Frugal

Sua refeição se compunha de verdura crua, que cortava com uma faca e misturava por longo tempo. Parecia um gaspacho sem caldo. Após tomar um copo de leite com uma rodela de limão, comeu uma maçã assada no forno e meia tangerina. Ostentava um grande guardanapo que lhe cobria o peito, suspenso como uma cortina nas lapelas do paletó, de forma bem instável.

De Seus Tempos de Estudante

Hoje nossa conversa foi mais anedótica que técnica. Gaudí se interessou por meu trabalho de fim de ano para a faculdade; contei-lhe que havia entregue o projeto na véspera e, no dia seguinte, os professores iriam qualificá-lo. Perguntou-me o que o professor Domingo havia achado do trabalho[1]. Ao responder que sua impressão fora favorável, ele me acalmou, dizendo que então poderia ficar tranqüilo.

Retruquei que havíamos passado os dias anteriores pesquisando nos arquivos da faculdade os projetos que ele fizera quando estudante. Ao tocar no assunto, ele começou a discorrer sobre esta época.

Um de seus projetos na faculdade fora uma fonte monumental para a Praça da Catalunha. Sua história era a seguinte: quando cursava o terceiro ano de projetos, o professor Rogent incumbiu-lhe de projetar um hospital. Gaudí começou o trabalho de má vontade e, como ao final do curso ainda nem havia esboçado a fachada, levou o papel para casa e a desenhou numa noite. Rogent ficou muito irritado com seu procedimento e resolveu castigá-lo; chamou em particular todos os alunos, menos Gaudí, e os aprovou. Quando Gaudí soube disso, queixou-se ao mestre, cuja intenção era deixá-lo para segunda época; mas Gaudí, querendo evitar um exame prolongado antes da *reválida*[2], defendeu-se argumentando que sua atitude

---

1. Domingo Calzada era conselheiro da Faculdade de Arquitetura e homem de grande experiência no campo educacional. Sua costumeira interferência nos assuntos que diziam respeito aos professores, sempre efetuadas com acerto, era geralmente motivo de pilhéria.
2. Nos tempos de Gaudí, havia a *reválida*, que perdurou até meus dias de estudante. Começava em setembro e se prolongava até o fim do ano.

não fora incompatível com um exame, cuja finalidade consiste em provar a capacidade; o que havia realizado numa noite, os demais alunos demoraram meses, existindo até trabalhos de alunos feitos por outros. Conseguiu, desta forma, fazer outro exame que teve como tema a dita fonte monumental, projeto que recebeu um discurso elogioso do professor Villar, integrante da banca examinadora.

Uma Opinião sobre o Arquiteto Rovira I Rabassa

Fala que todos os professores da faculdade o reprovaram. Entre eles Rovira, pois Gaudí negara-se a fazer o problema de estereotomia em gesso que este pedira[3]. Disse-lhe que Rovira ficava indignado, pois ele não fazia as juntas normais nas curvas dos arcos e também na parte interior de algumas abóbadas de pedra. Gaudí segredou-me que a grande indignação de Rovira provinha de seu total desconhecimento da estereotomia medieval, pois, nesse período, as primeiras fileiras dos arcos eram construídas de forma horizontal; este professor apenas sabe o que estudou em livros franceses e não tem a vaga idéia de que a curva de pressões deve formar, com as juntas, um ângulo menor do que o de encosto com cada superfície. Referindo-se a Rovira, acrescentou: "Se ele estivesse aqui, nem saberia o que dizer".

Afirma que Rovira tem memória do tempo e não do espaço; e, devido a isto, apenas recorda a geometria analítica e a álgebra. Tem o título de arquiteto, o que deveria significar temperamento plástico, mas, na verdade é músico, e seu ardor por essa arte o levou inclusive a cantar publicamente *O Barbeiro de Sevilha*.

Por isso, Gaudí queria evitar um exame no terceiro curso de projetos, que consistia em desenvolver um projeto, o qual deveria ser seguido de outro mais importante que era *reválida*.

3.Rovira costumava exigir, dos alunos de estereotomia, problemas de modelagem em gesso, maquetes perfeitas e muito complicadas que, na maioria das vezes, os alunos, não podendo executá-las, recorriam a modelistas profissionais.

Intuição da Geometria

Diz que vislumbra o espaço com grande facilidade e que os problemas geométricos não existem para ele. Nunca estudou outra geometria que a elementar, nem abriu outro livro sobre o assunto.

O Cálculo de um Reservatório de Água

Conta que durante a construção do Parque Cidadela ele trabalhava como ajudante do mestre de obras Fontseré, diretor do parque. Certo dia, este encarregou a Gaudí de terminar o cálculo de um reservatório de água, que achava estar mal planificado. O calculista anterior havia copiado seu projeto de uma revista francesa, que publicara os planos de um reservatório construído em Lyon. Gaudí voltou a fazer cálculos, pensando o problema tal como o concebia e dispensando seus antecessores. Fontseré desconfiou da inexperiência do novato e resolveu mostrar o cálculo a Juan Torras, professor de resistência dos materiais na Faculdade de Arquitetura. Este, ao admirar o trabalho, perguntou quem o realizara.

Nesta época, Gaudí era aluno do curso de resistência dos materiais, mas praticamente não o freqüentava. Torras conhecia seu nome mais de vê-lo na lista que pessoalmente, e aquele cálculo fora a prova daquela matéria. Ao chegar o final do curso, Gaudí não se apresentou e Torras, surpreso, comunicou a Fontseré seu espanto; vieram as provas da segunda época e mesmo assim permaneceu ausente. Uma nova advertência de Torras a Fontseré fez Gaudí perceber que o professor desejava aprová-lo. Finalmente resolveu se apresentar e, submetido a uma questão de hidráulica, mostrou total desconhecimento. Aproveitando uma distração dos demais professores, comunicou o fato a Torras que desviou o assunto para física geral e acabou aprovando-o.

Um Aluno Inadaptado

Reconhece que era um péssimo aluno. Seu temperamento não o permitia ouvir as abstrações dos professores, nem estudar as lições que deviam cumprir todos os requisitos do programa universitário, tanto práticos como disciplinares. Estes últimos o entediavam por completo, mas quando os mestres tratavam de coisas concretas, Gaudí os escutava com prazer.

Elias Rogent

Falou sobre Rogent; disse que este arquiteto fez a Universidade de Barcelona em estilo românico por causa do gosto romântico da época. Manuel Milá y Fontanales[4], que era seu amigo, como também alguns literatos, aconselharam-lhe que desse à obra um caráter medieval. Mas ele havia estudado em Madri, onde imperava o estilo vignola e, devido a isto, a construção saiu uma colcha de retalhos. Disse que Rogent era filho de um caieiro e que nele não se destacava a visão plástica, chegando ao ponto de encomendar a terceiros o desenho dos detalhes ornamentais, embora tivesse um grande talento para organizar. Deve-se a ele a criação da Faculdade de Arquitetura de Barcelona e também o sucesso da exposição de 1888, mais do que a Rius e Taulet.

Como Gaudí Foi Incumbido a Criar a Sagrada Família

Explica-me de que maneira ingressou como arquiteto na Sagrada Família. Quem deu início à obra foi Villar, muito amigo de Bocabella[5], que não se revelou apto (como ele mesmo veio a confessar) para um cargo de tal importância.

4. Grande professor de literatura que valorizou a poesia e a cultura medieval da Catalunha.
5. Foi quem iniciou a construção do Templo.

131

Castelo humano dos "Xiquets de Valls" com suas linhas de equilíbrio semelhantes às torres da Sagrada Família.

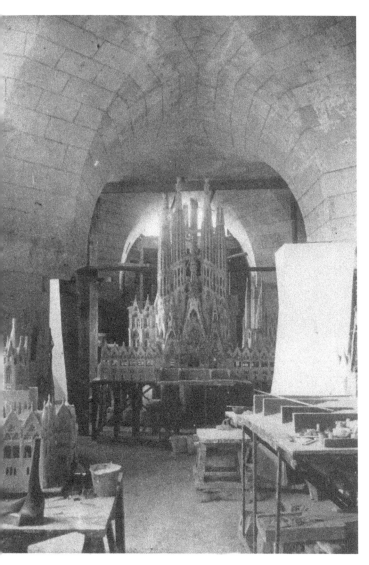

Dependência da Sagrada Família onde Gaudí estudava os modelos do Templo, com a fachada do Nascimento ao fundo. À esquerda podemos notar uma das sacristias de 1917, com a solução anterior e com a definitiva.

Fachada do Nascimento, tal como se encontrava na época da morte de Gaudí, em 1926, com a torre de San Bernabé totalmente terminada.

Corpo cilíndrico de uma das torres com as janelas ordenadas em hélice e a inscrição "Sanctus, Sanctus..."

Interior de um campanário, visto de cima.

Não se comportava como um verdadeiro arquiteto, mandando um mestre de obras tocar a construção. Este até se confundia ao colocar os caixilhos sem que fosse corrigido. Certo dia, não sabendo resolver os problemas do Templo, abandonou o cargo (Gaudí comenta que foi um milagre de São José). Sua demissão foi aceita e a direção das obras foi oferecida ao arquiteto Juan Martorell, que a recusou por delicadeza, pois fora consultado durante o conflito que resultou na demissão. Martorell não aceitou, mas acabou por indicar Gaudí – na época seu assistente – como possível continuador da obra que se encontrava no início da cripta. Gaudí aceitou o convite com a seguinte pergunta: "Que pode mais desejar um arquiteto senão a construção de um grande templo?".

A Providência Salvaguarda o Templo

Conta que na Sagrada Família tudo é providencial, inclusive seu ingresso como arquiteto. Mas o grande donativo que recebeu para o Templo assim que assumiu o cargo foi decisivo para impulsionar rapidamente o término da fachada. Se não houvesse tido tantos recursos, esta teria sido concluída com mais modéstia. A atual miséria também acabou sendo providencial. Desta maneira, Gaudí pode pessoalmente estudá-lo em seus detalhes (como o fez com os sinos), pois se tivesse recebido muito dinheiro, a organização das obras teria ocupado todo o tempo. Assim, com um desenvolvimento mais lento da obra, foram pensadas soluções particulares para cada caso sem cair numa repetitiva padronização do tipo industrial. A lentidão obrigatória, que ocorre atualmente na construção, é aproveitada para que esta tenha um ritmo crescente de perfeição. Inclusive os casos suscetíveis de serem repetidos, agora com mais tempo, podem ser novamente estudados a fim de melhorar os resultados. Reconhece que infunde otimismo em tudo que diz, mas pontua que sem este não se pode realizar coisas importantes.

Um senador queria pedir uma subvenção estatal para a grande obra do Templo, mas agora que mudou o governo, tudo ficou como antes. Com uma subvenção deste tipo, seria possível executar sua planificação, que deveria ser apresentada na Academia de San Fernando. Diz que quando chegar o dia em que se disponha de dinheiro para pagar o pessoal, "se quiser, poderei também trabalhar".

A Capacidade de Situar e as Pessoas do Campo de Tarragona

Acrescenta que a arquitetura é coisa plástica, pois consiste em "situar", como faz a política e o comércio. A arquitetura "situa" massas construtivas distribuidoras de força; é melhor político quem assume a "situação" das massas e das forças sociais; e o comércio nada mais faz que transportar mercadorias dos lugares onde estas não têm alta cotação e as "situa" onde adquirem melhores condições de venda. Quem é capaz de observar as questões políticas e comerciais, também vislumbra a plástica. Certo dia, um comerciante a quem Gaudí pedia dinheiro para o Templo disse-lhe que a arte é um grande auxiliar do comércio, pois o princípio deste consiste em vender pouca matéria a bom preço, e isto a obra de arte consegue plenamente.

Afirma que as pessoas do Campo de Tarragona têm muito desenvolvida esta visão plástica da situação. Fortuny vislumbrava as cores com muito mais firmeza que os grandes mestres, melhor que Velázquez e Rafael, e quase tanto como Veronese. Prim conseguiu ver com clareza a situação política de seu tempo quando ninguém o fazia, e a questão do México muito melhor que a França e a Áustria. Ao contrário, os habitantes do norte vivem em meio a abstrações, vendo espectros, da mesma forma que os equatoriais. Nas zonas tórridas é recebida uma luz ofuscante e zenital. Para evitá-la, os habitantes destas regiões constroem janelas discretas e repletas de treliças. No norte

137

ocorre precisamente o contrário. Estas circunstâncias dão margem a uma iluminação distorcida e defeituosa; para apreciar as imagens, devem abstrair e, como não enxergam bem, fantasiam. Gaudí compara o Hamlet inglês com o Pílades e com o Orestes gregos, comprovando que, ao chegar no final, cada um deles cuida de si. Acredita que as aptidões dos habitantes do Campo de Tarragona, bem estudadas, poderiam constituir-se num pólo de exportação para todo o mundo.

Testando os Sinos

Ensinou-me como faz para testar os sinos tubulares. Chega até às duas oitavas completas e obtém as diferenças de tons por meio de três procedimentos diferentes: variando o comprimento, o diâmetro e a espessura. Ao terminar estas experiências, verifica qual dos procedimentos foi melhor e o põe em prática. Mas antes o provará no interior da maquete.

Não nos detemos muito em falar sobre os sinos porque o quarto onde seu ajudante guarda o material para estudo é muito frio, e hoje Gaudí não se encontra muito bem. Para chegar onde são feitos os estudos dos sinos, vestiu um grosso casaco; voltamos cedo ao lugar onde estávamos antes e ali, ao lado do aquecedor, ficamos de pé conversando. Gaudí colocou-se de costas, com as mãos cruzadas atrás para aquecê-las.

As Capelas Absidais

Diz ter encontrado uma solução para as sete capelas absidais e pensa dedicá-las às sete antífonas do Apocalipse, a princípio. Mas esta concepção também poderá ser modificada. Nenhum dos projetos anteriores o havia agradado e o atual parece lhe satisfazer plenamente.

Diferenças Étnicas

Saímos. Garoava ligeiramente. Tomamos o bonde e Gaudí começa a falar das diferenças que se podem notar entre o levante e o interior da Península. Afirma que a visão conjunta do mar e da terra facilita a precisar a situação. Devido a isto, os povos do interior não conseguem ver tão claramente a *situação*, a plástica, e seus políticos têm a tendência de falar, inquirir e criticar: tudo isso, coisas negativas. Encaram a política de modo completamente diverso do nosso, pois vamos ao essencial sem discursos.

Na arquitetura ocorre o mesmo. Perguntaram certa vez a um arquiteto do norte da Espanha o que achava da Catedral de Burgos. Ele respondeu que esta era maravilhosa, embora um tanto "portuguesa". Na capela do Condestable existe muita confusão; todos os ornamentos têm a mesma importância, até mesmo uns grandes escudos que se esforçam para impor-se como elementos decorativos não o conseguem.

Oratória Enfática

Com os discursos ocorre algo similar: são enfáticos. Quando Gaudí construía o palácio episcopal de Astorga, sendo o bispo seu amigo, o doutor Grau, almoçou na mesa deste com o ex-ministro Pio Gullón, que falava sem parar, exaltando a brilhante oratória das cortes. O ex-ministro monopolizava totalmente a conversa, proferindo lautos elogios a Castelar e sua memória "prodigiosa". Gaudí, aproveitando a pausa enquanto Gullón colocava a comida na boca, acrescentou: "... e pertinaz". O ex-ministro, surpreso, pediu-lhe que se explicasse. Gaudí retrucou que se podia qualificar de pertinaz a memória de um professor de história da Espanha, como era Castelar, que costumava ensinar, em sua cátedra, o mesmo que havia aprendido na escola.

A oratória castelariana, modelo oficial dos oradores da época, era enfática, rebuscada e cheia de pompa. A ênfase não significa nada, é o contrário da beleza e da elegância, que às vezes vêm a ser idênticas devido à escassez de meios e perfeito aproveitamento.

Descendo do bonde, acompanhei-o até San Severo. Ia à reza das Quarenta Horas.

10. ILUMINAÇÃO ARTIFICIAL DOS TEMPLOS

[29 de setembro de 1918]

Cheguei para visitá-lo no momento que Gaudí estava de saída. Convidou-me a acompanhá-lo e, enquanto passeávamos calmamente pela rua Mallorca e pelo Paseo de Gracia até San Felipe Neri, explicou suas teorias sobre a iluminação interior dos edifícios e particularmente a dos templos.

Monotonia da Iluminação Central

Opina que jamais foi adepto da iluminação central, pois esta produz uma regularidade excessiva, causando grande monotonia no local que ilumina. A iluminação central apenas é valida quando não se possui meios suficientes de luz. Para se iluminar um espaço com apenas um foco de luz, o ponto central é o melhor, mas atualmente, que dispomos de uma grande potência luminosa provinda da eletricidade,

141

nos vemos obrigados a reduzí-la; a iluminação central não tem mais sentido nos dias de hoje.

Pelo contrário, os focos próximos às paredes ou aos pilares encontram superfícies nas quais a luz se reflete e aparecem lugares onde estes focos não são visíveis, oferecendo maior elegância e variedade ao recinto[1].

A Iluminação dos Templos

Nos templos, a luz elétrica não é permitida nos altares com finalidade litúrgica, mas, para a comodidade dos fiéis, quando se utiliza este sistema de iluminação, deverá ter sempre menos intensidade que os círios do altar. Isto pode ser conseguido utilizando-se lâmpadas com voltagem superior à corrente normal, que torna a incandescência defeituosa, gerando luz fraca, ou então com lâmpadas velhas que produzem o mesmo efeito ou pintadas de diversas cores, como Gaudí fez na Catedral de Palma de Mallorca. O número de focos pode ser tantos quanto se deseja, desde que se observe sua intensidade para que não suplantem o brilho dos círios do altar, que, apesar de sua luz ser esmaecida, adquire uma vida e um encanto sutil que não tem a eletricidade, pela mobilidade que lhe infundem as correntes de ar e o efeito de consumirem-se.

Fala do uso que se fazia antigamente dos grandes lustres nos templos; não porque fossem mais litúrgicos, mas pela escassez de meios. Afirma que litúrgicos são os pés do altar que iluminam a mesa – e não o retábulo – dos quais podemos encontrar exemplares belíssimos em todos os estilos.

A Beleza acima dos Estilos

A beleza não é exclusiva de estilos determinados, pois artistas de todas as épocas têm pretendido fazer suas obras

---

1. Nesta época ainda não existia a iluminação indireta.

não apenas muito bem, mas de maneira que supere a tudo e a todos. Isto significa que podemos, com os procedimentos atuais, fazer coisas belas utilizando qualquer estilo. Nas catedrais neoclássicas, poderíamos colocar lustres de vidro próprios do século XVIII; também são deste século as cornucópias, que detêm grande beleza mas, em vez de utilizar os temas profanos que as ornavam, ficariam bem melhores os motivos religiosos, com representações iconográficas ou simbólicas que, devidamente iluminadas, outorgariam aos templos efeitos decorativos de grande beleza.

As coroas suspensas também eram muito usadas antigamente; têm origem litúrgica mas não são indicadas para a iluminação. Ornavam a Basílica de San Juan de Letrán, penduradas em meio aos arcos frente ao dossel do altar, compostas por cinqüenta luzes (sete vezes sete mais uma para dar-lhe simetria). Na Sagrada Família será disposta uma de grandes proporções a fim de recordá-las.

Luz Moderada

Nos templos a luz deve ser unicamente a necessária, pois neles é preciso haver recolhimento e os focos muito potentes tanto distraem como produzem inquietação. Além disso, o altar cuja luz é formada exclusivamente de círios não pode ficar em segundo plano.

Mesmo com esta abundância de modernos meios industriais, poderia haver uma carência de recursos, o que nos levaria de volta aos lustres elétricos. Gaudí aconselha que é preciso seguir o bom senso em cada caso determinado, ou seja: preferir sempre um sistema simples, feito com sensibilidade, a uma solução cara e presunçosa.

A abundância de luz elétrica sempre corre o risco de ser pretensiosa pois, por maior que seja sua intensidade, jamais poderá se comparar à luz do sol. Observa que, quando se regulam os mecanismos que graduam os carvões dos arcos voltaicos do Paseo de Gracia, os globos luminosos são acesos durante o dia e parecem uma série de queijos esféricos.

Conta que certo dia o engenheiro Mariano Rubió convidou-o a ver as obras da Exposição de Barcelona e contou que tinha o projeto de construir um pavilhão denominado "O Palácio da Luz". Gaudí advertiu-o que este nome seria por demais pretensioso pois, quando surgisse a luz do sol, o palácio e a luz cairiam no ridículo* e não se destacariam dos demais pavilhões que certamente estariam também iluminados. A partir daí, nunca mais se viu nos jornais alguma alusão a este projeto, fato antes corriqueiro.

Profissionais Pouco Sensíveis

Falou que, entre todos os profissionais, os eletricistas, a despeito de toda a sua preparação técnica, são os mais ignorantes e tacanhos. Não sabem o que fazem a não ser cumprir sua função sem a menor preocupação estética. Para eles não existe arquitetura nem harmonia e iluminam tudo por igual. Seu lema é: "quanto mais luz melhor". Gaudí tem como ideal a capacidade de mostrar um foco luminoso que, em vez de apenas iluminar, deslumbre. Gaudí aposta que não me faltarão oportunidades para constatar este fato, assim que começar a exercer minha profissão de arquiteto.

A Catedral de Barcelona

Também se referiu à iluminação elétrica da Catedral de Barcelona. Antes de instalá-la, o cônego consultou Gaudí e ele, que jamais escreve**, fez questão de registrar por es-

---

* O poeta japonês Aon escreveu certa vez o inspirado haicai: amanhece/ o vagalume/ vira inseto. (N. da T.)

** Gaudí não nos deixou nada escrito além de um parco diário; odiava escrever. Sintetizou suas palavras no silente sermão de sua arquitetura. Portanto, este livro que tem na mão, caro leitor, é o único depoimento onde pode ser encontrada sua estética e filosofia construtiva. (N. da T.)

crito seu parecer: mas não consideraram suas observações. Deu sua opinião pois, como se tratava da Catedral, temos o direito e o dever de colaborar. Disse que guardou consigo uma cópia do seu parecer, pensando que caso fosse publicada decerto envergonharia aqueles que haviam cometido tal absurdo, mesmo sabendo que estavam equivocados. Puseram tanta luz sobre o Cristo de Lepanto, que todos os seus defeitos e manchas de cera e fumaça, antes ignorados, agora ficam visíveis e incomodam.

11. DAS FRIEIRAS AO REGIONALISMO

[16 de janeiro de 1923]

Causa e Tratamento das Frieiras

Hoje fui visitar Gaudí antes do meio-dia e parabenizá-lo pelo seu aniversário, que seria celebrado no dia seguinte.

Comigo estava Bertrán[1] e, como fazia muito frio, o arquiteto nos falou que sofria de frieira nos dedos. Disse que esta enfermidade acomete apenas as crianças e os velhos e nos explicou o porquê. Trata-se de congestões provocadas pela má circulação do sangue ao passar pelos capilares dos membros periféricos (pés, mãos e orelhas). A circulação é impulsionada pelo coração que tem menos força nas crianças e nos idosos. Daí podemos concluir que estes grupos sejam os mais propensos a contrair essa enfermidade.

---

1. Escultor que ajudava Gaudí em trabalhos artísticos.

Bertrán disse que sua esposa se tratava com água quente, e algo mais que não me lembro. Gaudí comentou que também utilizava este método, usando água aquecida com uma pastilha de "meta"[2], pois o calor dilata os capilares de veias e artérias, facilitando a circulação.

Permanência e Mutação

Contou-nos que recentemente recebeu a visita do padre Casanovas e de outro jesuíta vindo das Filipinas. Este comentou que os nativos desta região tremem de frio aos 16 graus, o que, para nós, é inconcebível. Segundo ele, essa é a causa dos regionalismos; os governos preferem a uniformidade, mas a natureza segue seu próprio curso. Todos os contrastes e estridências são passageiros.

Gaudí continuou a falar: muitos domingos costumo passear junto ao mar, em lugares onde possa comprazer a vista, e venho observando que, em dias de temporal ou ressaca, o mar fica infestado de objetos emergidos do fundo; os detritos de terra, além da grande mancha vermelha do rio Llobregat. Mas no domingo seguinte ou num feriado no meio da semana, ele volta a repousar tranqüilo, com o mesmo azul de sempre, e sem a coloração provinda de elementos estranhos.

Poder Efêmero e Comércio Eficaz

O mesmo acontece com as culturas nacionais: ao cessarem as ingerências externas, elas se revelam tal como são. Houve tempo em que Castela dominou por seu poderio momentâneo, mas não conseguiu manter este poder por lhe faltar qualidades, como os atributos de situação e continuidade, muito necessários para governar.

---

2. Combustível utilizado na época.

Quando Carlos III suprimiu o monopólio comercial com a América, que estava centralizado em Cadiz, foram fundados, ao largo da costa levantina, várias empresas cujos navios se dedicaram à importação e exportação. Levavam o vinho do Priorato e traziam carne da Argentina e tabaco e açúcar de Cuba. Este mesmo açúcar era exportado para os Estados Unidos e trocado por algodão que, na Espanha, era fiado e tecido. Muitos desta maneira fizeram fortuna, fundando indústrias e casas comerciais que se constituiriam num patrimônio sólido e permanente.

O resto da Espanha também foi beneficiado, mas nesta região não se criaram indústrias, e os grandes capitais foram investidos na construção de mansões suntuosas com imponentes escudos em suas fachadas, ou seja, em nada proveitoso, no máximo, algumas fundações de caridade. Os poucos que tentaram fazer algo criaram alguns centros de cultura. E daquela riqueza não sobrou nada.

Centro Econômico

Isto não ocorreu na Catalunha. Nossa riqueza aumentou progressivamente até converter Barcelona na capital econômica da Espanha. Se não fosse assim, não poderíamos entender por que a Catalunha tem uma população de dois milhões de habitantes e metade vive em Barcelona. Seria uma monstruosidade, algo incomum. Esta cidade tornou-se o centro da influência econômica que a Catalunha exerce na Espanha. Por todo o país podemos encontrar catalães abastados, que se dedicam ao comércio e às indústrias tradicionais que são chamados de "a casa dos catalães".

O fato de os catalães falarem fluentemente o castelhano é outro argumento a favor de seu lendário tino comercial. Numa operação normal de comércio, o vendedor sabe utilizar, por sua própria conveniência, a linguagem do comprador, mesmo quando este se encontra numa situação de inferioridade. O vendedor está sempre numa

149

posição mais cômoda e exerce uma função social que consiste em tornar viável a aquisição de determinados artigos. Quando o comprador necessita algo, pode adquiri-lo por meio da previsão do vendedor que sabe como situar seus produtos da forma mais conveniente.

O centro da península não se destaca por esta qualidade de "situar", que havíamos falado anteriormente, não tendo a mínima idéia sobre essas coisas. Por exemplo: a produção espanhola de trigo centralizada em Valladolid necessita percorrer duas vias para chegar aos portos: oitocentos quilômetros de distância horizontal e 1200 quilômetros de distância vertical. Ou seja, a quatrocentos ou seiscentos quilômetros no mínimo. Isto torna seu transporte ferroviário *mais caro, mais caro* (ele repete várias vezes) que o frete marítimo de Barcelona a Buenos Aires. Acrescenta-se a isso que as colheitas geralmente não são abundantes (um ano bom entre cinco) e que entre sete grãos de trigo, salva-se um, quando o normal é uma produção dupla ou tripla. Por esta razão os catalães têm fama de ricos no resto da Espanha. Mas nossa pujança econômica é um fato inquestionável. Atuamos com obras enquanto os políticos do centro do país fazem discursos grandiloqüentes e pensam ser os maiorais por terem nas mãos o poder. Acham que a nação deve submeter-se ao Estado e não que este deva servi-la. Não passam de miragens, meras ilusões verbais, pois, no final das contas, o que prevalece são as obras. Existe um provérbio que diz: "Os pobres têm sempre uma fortuna oculta em algum canto da boca".

Superioridade da Catalunha

O centro da Espanha recebe muitas coisas por empréstimo, e é inquestionável a influência da Catalunha no resto do país, principalmente no campo econômico. Até a moeda nacional, a *peseta*, tem seu nome oriundo do catalão. Se fosse uma palavra castelhana, deveria chamar-se *"piececita"*. Também as expressões comerciais mais utilizadas como "peso *bruto*", "peso *neto*" (peso líquido) *"venta al detall"* (venda ao varejo) e *"escandallo"* (tabela de preços) têm sua origem na Catalunha. E até a bandeira espanhola foi inspirada na catalã como bem demonstrou o estudo feito por Doménech y Montaner. A Espanha, quando foi dividida pelos romanos em *Citerior* e *Ulterior*, chamadas conjuntamente de Espanha Tarraconense, tinha a capital na Catalunha. Mas a política centralista parece ter esquecido disto.

Lembrança de Astorga

Mudando de assunto, Gaudí começou a falar do palácio episcopal de Astorga, das divergências surgidas com o falecimento do doutor Grau e a maneira pela qual os arquitetos que o sucederam não souberam terminar a obra. A marquesa de Comillas, cansada de tanta incompetência, acabou por queixar-se a Gaudí. Ele advertiu-a que se em vez de buscar um sucessor em Madri houvessem contratado um de Barcelona, a obra já estaria terminada e da maneira correta. Denuncia que em Astorga imperava o critério de "varrer os catalães", do qual participava o arcebispo de Valladolid, que nem ao menos o recebera quando foi expor os motivos pelos quais se afastava da obra e apresentava a contabilidade dos trabalhos.

Comenta que a construção do palácio perdurou quatro longos anos: se o doutor Grau tivesse vivido um ano mais, poderia ter acabado o edifício. Os astorganos alegavam que Grau "era bispo demais para eles". Por sua vez, o bispo costumava desabafar a Gaudí: "Ninguém aqui me entende, nem o próprio vigário geral!".

151

12. ANÁLISE E SÍNTESE

[8 de abril de 1924]

Estudo de Propriedades Geométricas

Fui visitá-lo e Gaudí começou a discorrer sobre coisas bem interessantes. Falou das colunas que está estudando, que consistem numa modificação de soluções anteriormente projetadas. Fez um modelo de gesso destas colunas, muito bem executado, e diz que pensa encontrar as propriedades geométricas nos cortes horizontais de uns helicóides que se encontram nelas. Adverte que o fato de fazer análises não significa que seja um analítico; se examina os cortes dos helicóides, não o faz com o intuito apenas de desvendar sua forma particular, mas com o desejo de aprofundar o que já estava sendo feito e estudar melhor seu processo.

Se diz geômetra, o que significa sintético. Os do norte não compreendem a síntese e criaram a geometria analítica, que é a geometria do ponto, e tudo é resolvido por pontos. "Coisa de ultra-alpinos".

Os mediterrâneos são os únicos que conseguiram vislumbrar a geometria e, para desvendá-la, é preciso recorrer aos gregos. Quem melhor explicou a geometria nos tempos modernos foi Monge, um autêntico mediterrâneo de Lyon.

Ser apenas analítico é ser incompleto. A ciência é análise e síntese. A análise sozinha não é um erro, mas é algo incompleto.

Os Sovietes

Coisa de soviético, que também é do norte. Os soviéticos são analíticos e não possuem um conceito de conjunto sobre os problemas a resolver. Quiseram criar o capital da comunidade – o comunismo – e tiraram a responsabilidade do capital. Sem esta responsabilidade gerou-se a destruição do capital e o abuso clandestino.

Diz que o capital sem responsabilidade é como uma mola sem têmpera, que forçosamente perde sua elasticidade. Assim como a mola ajuda a levar as máquinas até seu limite de produção, amortizando suas vibrações, o capital é necessário para aplicá-lo nos lugares onde é escasso. Com o comunismo não existe acúmulo e não se torna possível este socorro. Ao pertencer a todos, o capital passa a não ser de ninguém e ninguém sente a responsabilidade. Como uma mola sem têmpera, o capital, destituído de sua qualidade essencial que é a responsabilidade, perde sua eficácia no momento em que é utilizado.

Diferentes Graus de Síntese

Devemos ser sintéticos. Existem vários graus de síntese. Uma linha é uma síntese; um plano também o é (síntese mais geral), assim como um volume (mais geral ainda).

O volume é engendrado por superfícies regradas, que, consideradas como geratrizes infinitas, abarcam o espaço infinito. Estas superfícies, que são o parabolóide, o hiperbolóide e o helicóide, têm a mesma "estrutura atômica", ou seja, o "tetraedro" que está contido nos três. O tetraedro é a síntese do espaço. O hiperbolóide representa a luz e o helicóide o movimento.

Gaudí, ao ver que eu estava conseguindo seguir seu raciocínio (que aqui transcrevo de forma abreviada), afirmou que eu também era "geômetra" e tinha o dom de vislumbrar o espaço e as imagens; revelou não explicar a muitos essas coisas pois não as entendem, são cegos e passam a vida tateando em questão de plástica. Observou que estaria me iniciando neste conhecimento para que, ao tomar consciência deste dom (que muitas vezes passa desapercebido à própria pessoa), pudesse aproveitá-lo melhor.

Comentou que esta predisposição para a visão da plasticidade é característica dos habitantes do Campo de Tarragona. Disse-lhe que as primeiras vezes que falara de tais coisas não as enxergava com claridade, respondeu-me que também ele não as explicava com tanta lucidez, e que os anos o fizeram sintetizar mais claramente estas questões.

Aborígenes das Formas Gaudianas

Prossegue dizendo que recentemente recebeu a visita de um arquiteto. Este observou que o estudo que faz das colunas, deveria tê-lo começado muito tempo atrás, uns dois anos pelo menos. Gaudí relembra que no outono passado comemorou quarenta anos como arquiteto da Sagrada Família e, desde o início desta construção, vem se sentindo atraído por essas formas. E muito antes disso, aos dezoito anos de idade, o estudo de análise matemática já lhe havia despertado o interesse por elas. Seu professor, que era muito competente e amigo de Monge, não explicava todas as suas propriedades pois não as sabia, embora delas tivesse uma certa intuição, a qual, associada a seu entusiasmo, motivou-o por completo.

Unidade de Formas

Num belíssimo exemplo, Gaudí demonstrou o grande respeito que sempre teve pela síntese e unidade das formas: ao assumir o cargo de arquiteto na Sagrada Família, contava com trinta e dois anos. Todas as colunas da cripta já estavam sendo erguidas, menos uma que nem a base tinha sido começada. Analisando a questão, achou que as colunas cilíndricas seriam bem melhores que as colunas em feixe já feitas e pensou em construir, na forma cilíndrica, aquela que faltava para obter uma síntese mais perfeita. Ao consultar dom Juan Martorrell, que pertencia ao Conselho da Obra (além de ser o arquiteto de maior sensibilidade plástica de nossa época), ele respondeu-lhe que poderia fazer tal como planejara. Mas Gaudí acabou desistindo da idéia para não quebrar a unidade do conjunto e evitar "uma guerra civil entre as colunas". E, bem-humorado, evocou o ditado popular: "É melhor um casamento contrariado que um desfeito".

A síntese é o espaço. A inteligência humana apenas pode estudar no plano. Os analíticos só estudam o ponto.

Inteligência Angélica

Gaudí acredita que a sabedoria dos anjos consiste em vislumbrar diretamente as questões do espaço sem passar pelo plano. Afirma ter consultado vários teólogos e todos concordaram plenamente com isso. Ele até gostaria que algum se opusesse para poder discutir o assunto, mas ninguém o fez.

Uma Coluna Síntese

Fala-me das colunas de geração helicoidal com desenho de parábolas em estrela, as quais giram simultaneamente em dois sentidos opostos, intersecionando-se. Comenta que esta forma, que reproduziu num modelo de gesso na escala 1:20, é a síntese de todas as colunas que já existiram: egípcias, gregas, românicas, góticas, renascentistas, salomônicas etc.

Observo que a lei da geração desta coluna, apesar de sua simplicidade, permanece oculta; acredito que pouquíssimos arquitetos poderiam percebê-la, sem que fossem previamente informados. Gaudí assegurou que nenhum o conseguiria.

Afirma que a hélice é necessária à coluna. A natureza fortalece muitas árvores através de seu crescimento produzido em forma helicoidal (aponta uns eucaliptos plantados perto do pavilhão, com os troncos espiralados em hélice). Domènech i Montaner, que possuía grande talento, sempre costumava ornar as colunas com formas helicoidais. As da Sagrada Família não necessitarão ser decoradas, pois já têm estrutura helicoidal. Sendo fruto de uma síntese, já possuem tudo e portanto nada lhes falta: nem base, nem arremates, nem enfeites. E se porventura receberem ornamentos, estes apenas representarão motivos religiosos, não se constituindo num elemento arquitetônico.

Desculpas Cordiais

Peço desculpas a Gaudí pelo tempo que o fiz perder e aproveito para agradecer as informações recebidas. Ele responde que o fez com todo prazer pois deste modo aproveita para refrescar seus conceitos. Além disso, a preleção foi também acompanhada por seu assistente Quintana[1],

---

1. Arquiteto e amigo de Gaudí, Francisco P. Quintana e Vidal ingressou como seu ajudante nas obras do Templo em setembro de 1919. Até a morte do mestre foi quem, sob seu comando, desenhou plantas com as representações geométricas de suas interessantes concepções.

o qual não costumava receber explicações sobre tais conceitos por mais que Gaudí os desenhasse. Como diz o aforismo macarrônico "Cientia edificavit non charlavit". "Venha freqüentemente", ele me diz; e assim como eu expansivamente gosto de ouvi-lo, ele expansivamente gosta de explicá-lo.

13. DETIDO POR FALAR CATALÃO

12 de setembro de 1924

Hoje fiquei uma hora e meia com Gaudí, que foi detido ontem pela polícia por ter assistido à missa de São Justo em prol dos mártires do cerco de Barcelona em 1714.

Por uma hora e meia falou sem parar; contou-me em detalhes tudo o que ocorrera, embora sem respeitar a ordem cronológica dos fatos. Tentei transcrever esta conversa na forma de diálogo, pois seria o modo mais fiel de retratá-la.

EU (da porta): Bom dia, dom Antonio. Posso entrar?

GAUDÍ (sem ver-me, sentado de costas): Claro Martinell, entre e sente-se. Que me conta?

EU: Nada em especial. Estava pensando em vir visitá-lo desde que cheguei de minha viagem pelo norte.

GAUDÍ: Não se sente aí que é muito alto. Nesta outra cadeira estará mais confortável.

159

EU: Já o libertaram? Contaram-me que ontem o senhor foi detido.

GAUDÍ: É, mas já me libertaram. Detiveram-me por quatro horas. Duas delas passei numa cela atrás das grades, de onde apenas consegui sair pagando cinqüenta pesetas. Dessa gente não se pode esperar outra coisa. Fazem tudo com violência: vão acabar com o país. Fui arbitrariamente preso e maltratado. Me insultaram. Me mandaram à merda e me chamaram de sem-vergonha muitas vezes! Não perdi a serenidade, respondendo-lhes calmamente, de forma que os desconcertava. Não sabiam o que argumentar. Comecei a pensar em como vai mal este mundo que nos comanda. Assim, durante a detenção, estava totalmente sereno, mas quando penso em tudo isso, sinto-me preocupado e procuro relaxar.

Um Pequeno Inferno

GAUDÍ: Aquilo foi para mim um pequeno inferno. Os policiais falando castelhano e mirrados; o que a gente costuma chamar de "pobres diabos" (é assim mesmo que o vulgo os designa). Os chefes, com maior salário, ostentavam barrigas salientes e tinham o aspecto de quem bebe em excesso. São Lúcifer. São demônios comandados por Lúcifer, unidos pelo ódio que sentem por Deus. Todas as relações entre chefes e subordinados são inspiradas em idéias negativas, tal como acontece no Inferno. Não existe tampouco concórdia entre eles, mas a repulsa que manifestam a tudo que se refere à Catalunha os une. A agressividade que demonstraram comigo era porque eu estava falando catalão.

Fidelidade à Própria Língua

EU: Isto já me haviam contado, mas parece que tinha outra pessoa que também queria ser presa junto com você, mas os policiais não a levaram.

GAUDÍ: É verdade. Mas não a detiveram porque estava falando castelhano. E eu, em catalão. Perguntaram-me se não sabia falar o castelhano; retruquei que sim, embora não estivesse com a menor vontade de fazê-lo. Não falei porque toda essa agressividade era dirigida diretamente contra a Catalunha e porque uma das coisas mais características e queridas na Catalunha é sua língua. E esta é a minha e não haveria de bancar o covarde naquele instante de perseguição falando castelhano.

Perguntaram qual era a minha profissão. Ao responder que era arquiteto exclamaram: – "Então seu diploma está escrito em castelhano". Respondi que sim, como também em castelhano pagava meus impostos, mas este título, não o tinha recebido do Estado, mas de uma escola subvencionada por um organismo catalão[1] sobre o qual o Estado em nada interferia, se prescindíamos de um imposto de quinhentas pesetas como única contribuição, parecida com a que pago atualmente a cada ano. E naquele momento não me alterei nem um pouco; o senhor já me conhece; além do mais, são nesses momentos que Deus nos inspira. Só é preciso deixar-nos guiar.

No Cárcere

GAUDÍ: Foi a mesma coisa quando entrei no cárcere. Era uma cela com duas grades e um banco. Sentei-me. Nela havia dois homens. Ao entrar, saudei-os assim

---

1. A Escola Provincial de Arquitetura, subvencionada pela Câmara dos Deputados de Barcelona.

(remexendo nos bolsos do paletó enquanto falava): "Sou um homem de 72 anos que não usa outras armas que estas (mostrou-lhes um rosário na mão esquerda e um crucifixo de madeira com um Cristo de metal na direita, o qual – segundo me contou Quintana – fora benzido pelo Santo Padre). Como havia sido impedido pela polícia de assistir à missa, durante algum tempo permaneci fazendo minhas orações e, após terminá-las, comecei a conversar com meus dois companheiros de cela.

Um deles contou-me que estivera por cinco ou seis meses na prisão modelo e o haviam tirado de lá para libertá-lo. E era verdade pois logo vieram buscá-lo. O outro era um pobre vendedor ambulante, que havia sido flagrado sem licença e lhe estavam pedindo 25 pesetas de fiança para sair. Perguntei se não conhecia alguém que poderia emprestar tal quantia. De forma confusa, respondeu-me que sim. O que me deu a entender que não. Passou-me pela cabeça que, quando eu saísse, ele ficaria sozinho no calabouço por falta dessa quantia, e me deu pena. Enviei um recado ao pároco de La Merced que me mandasse 75 pesetas, pois não trazia dinheiro no bolso. Este veio em pessoa, mas, enquanto isso, Quintana já havia pago minha fiança. Disse então àquele homem: "Vou pagar sua fiança e estará livre em poucos minutos" (enquanto contava o caso, seus olhos umedeciam). O ambulante quis saber meu nome e onde morava, com intenção de devolver a quantia, tão logo pudesse. Então lhe disse: "Não se importe em saber quem sou e quanto ao dinheiro, quando o tiver, doe a quem precisar".

Negras Previsões

GAUDÍ: Essa gente vai acabar com a Espanha, de uma maneira rápida e determinada. Com a inconsciência dos que se arruínam por completo. Isto já aconteceu com muitos grandes impérios: Roma viu sua queda nas mãos dos legionários, que se tornavam donos do poder pela força e o perdiam assassinados por outros que queriam suplantá-los. O mesmo acontece com a Rússia, tanto sob o regime czarista anterior como com o atual exército vermelho. Como também a Alemanha do Kaiser, que perdeu o que tinha e o que não, precisamente como vão à falência os que gastam o que não têm. Onde se encontra hoje a personalidade e a pujança da indústria alemã? A Rússia pelo menos tem agricultura para subsistir, mas sua indústria é deficitária, vive do crédito. Da mesma forma como quebrou a Alemanha, cairá a Rússia, vítima de legionários que apenas pensam em suplantar os outros através de assassinatos, infâmias e traições.

Indisciplina Perigosa

GAUDÍ: O mesmo pode acontecer na Espanha se persistir esta onda de indisciplina generalizada. Sabe o que aconteceu recentemente na Sé de Urgel? Mais de 180 soldados armados fugiram para a França através de Andorra. Comenta-se que um cabo, ao receber a ordem de transferência do pelotão ao Marrocos, articulou a escapada junto aos companheiros. Você conhece aqueles lados dos Pirineus?

EU: Claro! Tenho uma casa em Andorra.

GAUDÍ: Então poderá entender melhor estes fatos. Da Sé de Urgel até Andorra leva-se duas horas. Por esta estrada fugiram os soldados com todo seu armamento. No caminho encontraram a Guarda Civil, que não lhes opôs resistência. É natural: os soldados estavam em superioridade numérica e armados. Sem dúvida, ofereceriam resistência. Dias depois, a oficialidade fez de tudo para reaver os homens e as armas, mas não acharam ninguém, pois eles já se encontravam em território francês.

No Marrocos reina a mesma indisciplina. Um sacerdote castrense explicou que dias atrás dois oficiais haviam se queixado a ele que o número de baixas de oficiais é bem maior que o de soldados. Disseram que isto é fruto da indisciplina generalizada, que obriga os oficiais a lutar nos locais de maior periculosidade para infundir coragem e dar exemplo. E como estas haveria muitas coisas mais.

EU: Por falar nisso, já sabe que prenderam Ossorio y Gallardo por ter falado que em Castellón ocorreu um levante de soldados? E dias atrás detiveram Serrano Jover por haver enviado a Maura uma cópia de uma carta que relatava o que acontecera a Primo de Rivera em sua última viagem ao Marrocos.

Interferência de Autoridades

GAUDÍ: Não existe autoridade pois esta é a primeira a desrespeitar o ideal que representa. Falei isso aos guardas enquanto me prendiam. Queria assistir à missa de São Justo. A porta estava aberta e, quando já estava entrando, fui sumariamente barrado. Como insistia, disseram-me que entrasse pela porta lateral, e lá também me vetaram o ingresso. Quando falei que não tinham direito de fazer aquilo, ameaçaram-me de prisão por desacato à autoridade. Adverti-os que fizessem bom uso da mesma, pois a que exerciam ia de encontro a outra autoridade, a eclesiástica, que era a que regia o lugar. Então fui sumariamente levado à delegacia.

Um senhor que estava a meu lado, e na mesma situação, também quis ser detido, mas não conseguiu porque estava falando castelhano. Hoje ele veio visitar-me e deixou seu cartão. Está aqui (levanta para mostrá-lo) se chama... Valls...: Escrevi a lápis "11 de setembro de

1924". Ele disse que não percebeu minha insistência em não falar castelhano pois, se tivesse percebido, faria o mesmo. E que isso não voltaria a acontecer. E veja você: um senhor de mais de sessenta anos e aspecto de pessoa educada, com um filho engenheiro!

Uma Mulher Consternada

GAUDÍ: Muitos acompanharam-me à delegacia perguntando se queria avisar a família. Disse-lhes que não tinha ninguém, que era só, mas que informassem ao monsenhor Parés[2] ao senhor Dalmases[3] e à Liga Espiritual da Virgem de Montserrat.
Uma mulher muito consternada acercou-se de mim e perguntou: – "O senhor não é dom Antonio?". Reconheceu-me por ter sido, anos atrás, amiga de minha sobrinha (já falecida) que vivia comigo. Ao ver-me em tal situação, a boa mulher fez como Verônica, tentou ajudar-me de toda forma possível. Chorava desconsolada. Dizia-lhe: "Pare de chorar, não vê que estou tranqüilo? Não vai me acontecer nada". Perguntou se precisava de alguma coisa, e como estava em jejum desde as oito horas da manhã, pois saíra cedo para comungar, pedi-lhe um copo de leite. Ela mesma foi buscá-lo numa padaria perto dali, e o trouxe acompanhado de um pãozinho. Chorava como uma Madalena (ao relatar isso, seus olhos umedeceram).

EU: E isto na presença da polícia?

GAUDÍ: Pois é, na frente do delegado...

EU: Mas me parece impossível que, embora não soubessem quem era o senhor, diante dessa cena não reagiram, sendo mais tolerantes.

2. Capelão da Sagrada Família.
3. Da Junta Administrativa do Templo.

GAUDÍ: Nem sequer deixaram entrar a mulher, nem Quintana e muito menos aos que vieram pagar a multa. Aquela velhinha conseguiu deixar o delegado sem palavras, com suas atitudes simples e singelas. Ao proibir-lhe a permanência no recinto, ela objetou que, na entrada, ao perguntar por mim, uns guardas abriram a porta e orientaram-na que seguisse pelo corredor. Apenas cumprira as instruções que lhe haviam dado outros policiais. O chefe não soube o que responder... Eu também deixei-o perplexo com minhas respostas serenas. Disse-lhe duas ou três vezes: "Podem me prender, mas acabarão caindo no ridículo, e sairão perdendo!". Mas que nada! São uns inconscientes. Legionários marchando em direção à derrota.

EU: Nesta viagem que fiz pelo norte, pude notar que os policiais daquelas cidades são muito mais gentis com os catalães que os de Barcelona e se esforçam por atender todos que pedem informações.

GAUDÍ: Não caia nessa. Esta amabilidade é fictícia: sentem-se adulados quando alguém de outro idioma lhes dirige a palavra em castelhano.

A Censura

GAUDÍ: O que fizeram comigo foi contraproducente, porque as pessoas referem-se ao ocorrido e, por não permitirem que os jornais o publiquem (notei várias censuras no artigo do *La Veu de Catalunya* e me disseram que também as existiam no *La Vanguardia* e no *Correo Catalán*[4]), as pessoas começam a falar e o fato vira lenda. Um comenta com outro e a lenda cresce. Muitos vieram prestar-me solidariedade. Os da Liga Espiritual da Virgem de Montserrat quiseram pagar a fiança, mas

---

4. Os trechos censurados não eram suprimidos dos jornais, mas ficavam visíveis por meio de rasuras que os tornavam ilegíveis.

não o permiti por tratar-se de uma questão pessoal. Os conhecidos vêm me saudando pelas ruas de maneira muito especial. Penso sempre nestas ocasiões: "Já sei o que estão querendo dizer".

EU: Realmente, todo mundo está sabendo. Ao chegar de Valls, três pessoas vieram contar-me o que passara. Encontrei um amigo de Valls que também estava sabendo. Pelo visto, ao chegar o fato às altas esferas, eles se deram conta do efeito negativo que produziria, e censuraram a história.

GAUDÍ: E eu que lhes havia dito: "Olhem que vão passar a maior vergonha".

EU: Isto é lamentável pelo transtorno causado ao senhor, pela importância do fato e pelo resultado lastimável disso.

GAUDÍ: Enquanto tudo acontecia, não perdia a calma: ao meio-dia estava solto. Mas depois, quanto mais penso no assunto, mais aquilo me enoja. Ao sair da cadeia, desabafei ao delegado: "Da próxima vez espero que não me insulte como o fez hoje".

EU: Mas ao dar o nome, eles não o reconheceram?

GAUDÍ: Não vê que são uns ignorantes? Esquece. Estão num beco sem saída e seria necessária uma mudança radical.

Advertência ao Rei

EU: Mas apesar desta necessidade de mudança, não se pode ainda entrever alguma saída.

GAUDÍ: Sim senhor! Há três ou quatro meses encontrei o sr. Mateu, um dos comerciantes mais importantes de Barcelona. O senhor o conhece?

EU: O Mateu dos ferros?

GAUDÍ: Ele mesmo. Encontrei na rua del Obispo. Vinha na outra calçada e atravessou a rua para falar comigo. Contou-me que havia chegado de Madri onde havia

167

dito ao rei: "Em Barcelona comenta-se que Vossa Majestade mostra simpatia em dar uma concessão a uma companhia de capital norte-americano. Nesta cidade, o fato vem produzindo uma péssima repercussão e coisas como essa vão acabar cedo ou tarde com a separação da Catalunha". Dias depois a imprensa noticiou que fora nomeada uma comissão de inquérito que havia considerado improcedente esta concessão. Mas o caso voltou a se repetir, desta vez com uma empresa x...

E o povo sente estas coisas. Por isso Mateu abriu o jogo com o rei e depois me contou (embora as conversações reais devam ser mantidas em sigilo), pois sabia que ia me interessar por tratar-se da Catalunha. Revelou-me secretamente e, no maior sigilo, confio estas informações ao senhor[5]. Mateu é uma pessoa que vê claramente. Comerciante de primeira linha; filho de um comerciante modesto, nasceu com uma grande disposição de ampliar o negócio do pai. E comércio não é outra coisa senão isto: crédito e bom nome da casa.

EU: Mas existe outra versão deste caso.

GAUDÍ: Mas foi como lhe disse. Pois assim ele contou-me e um bom comerciante nunca mente, pois do contrário perderia o crédito.

Outra Vez a Censura

Chegou o arquiteto Sugrañes que veio reunir-se a nós, e recomeçamos a conversa sobre a censura. Gaudí prossegue:

GAUDÍ: E isso acabará sendo pior para eles, pois agora os diários estrangeiros publicarão o que está se passando. Na França, principalmente na Provença, costumam

---

5. Depois de tanto tempo transcorrido e mudanças de regimes, creio que não existe mais motivo para este segredo.

acompanhar com muita atenção o que acontece na Catalunha. E verão como serão tratados estes fatos nos jornais de Paris e Perpignan. É lógico: se não fossem aqui censurados, não lhes despertariam o menor interesse. Isto já ocorreu por ocasião dos Jogos Florais, assistidos pelo marechal Joffre, quando quase acabei sendo preso, com alguns pedindo e outros opondo-se à minha detenção. Este pequeno incidente atraiu a atenção da imprensa francesa. Imagine com o que vem acontecendo agora. Bem que os alertei: "Cairão no ridículo".

Por isso prefiro que os diários não toquem no assunto. À noite, quando vi o artigo do *La Veu* repleto de censuras, tive um lampejo de alegria.

Notícias Complementares

Falando com o arquiteto Quintana sobre o ocorrido, ele me contou que os guardas haviam detido Gaudí com violência. Pela tarde ainda doía-lhe o braço.

Ao saber da detenção, pensou duas vezes ao pagar a fiança, pois não tinha certeza se Gaudí desejaria fazê-lo. Discutindo a questão com Sugrañes, concordaram em fazer o possível para soltá-lo. Mas quando foram informados que Gaudí havia recorrido ao pároco de La Merced, empenharam-se em agilizar todos os trâmites burocráticos para sua imediata libertação.

14. O FUNERAL DA SENHORA DALMASES BOCABELLA E OUTRAS COISAS INTERESSANTES

Um Funeral na Cripta

Hoje, 13 de dezembro de 1924, vou à Sagrada Família ver Gaudí. Encontra-se na cripta onde se realizam os funerais e o enterro da senhora Dalmases Bocabella, parente do senhor Bocabella, mentor da idéia da construção do Templo cuja família tem sepultura na Sagrada Família. Assisto também a cerimônia e, ao término desta, penso em cumprimentar Gaudí.

Vou até o pavilhão dos escritórios da obra, e, quando chego ao patamar da escada, ele já se encontra na parte superior dos degraus. Digo-lhe:

– Deus o tenha, dom Antonio. Posso subir?

171

– Claro, nem precisa perguntar. (Faz algum tempo que Gaudí me dá provas de sua amizade.) Agradeço e, lá dentro, ele oferece uma banqueta: – Sente-se, sente-se.

Atendo seu pedido pensando que ele faria o mesmo, mas ele permanece de pé. Tira o abrigo e coloca um avental cinzento. Tem dificuldade em achar a manga e levanto-me para ajudá-lo. Não permite.

– Não, obrigado; isto me serve como exercício. (Não insisto e ele prossegue.) Pode ver: é uma hora. Às onze foi anunciado o enterro. Em duas horas estava tudo terminado.

Quis dizer com isso que não é complicada a cerimônia de enterrar fora do cemitério.

Pergunto se havia saído o alvará que permitiria efetuar funerais particulares no Templo. Gaudí responde que estava tudo parado. Lamenta-se que os organismos oficiais não manifestem maior compreensão pela importância arquitetônica do Templo. Quando comento que ouvira algum arquiteto de Madri reconhecer a superioridade arquitetônica da Sagrada Família, Gaudí não me leva a sério, e pede-me para não acreditar. Afirma que apenas o dizem pois são obrigados a fazê-lo após constatar que os estrangeiros prestam muito mais atenção a nosso Templo que ao de Almudena, que se está erguendo em Madri junto ao Palácio Real. Este é visto apenas como uma igreja entre outras.

Prestígio da Sagrada Família

Prossegue:

– Visitou o Templo um grupo de arquitetos ingleses e pouco depois saiu no *The Times* uma reportagem dizendo que Barcelona é uma cidade fantástica e que a Sagrada Família é uma obra extraordinária: isto demonstra que o

Templo se impõe. Suas torres são tão altas que os viajantes, quando chegam por mar, perguntam: "O que é aquilo?". E ao saberem que as torres atualmente contam com 85 metros e breve terão mais quinze costumam dizer: "Que não se atrapalhem!". Não nos compreendem, não são mediterrâneos. São atlânticos. Tenho certeza que o artigo publicado no *Times* foi obra dos arquitetos ingleses que vieram visitar o Templo, pois nota-se que foi escrito por quem o havia visto e sabia do que falava. Decerto tinha sido elaborado por diversas pessoas, pois uma só opinião geralmente é acanhada. "Nós não sabemos, mas supomos", costumam dizer. E o senhor, que vem cultivando a crítica, entende bem destas coisas. Quando lemos um trabalho de sua autoria, podemos notar que foi escrito por um arquiteto[1]. Não é preciso nem dizê-lo pois percebe-se na primeira linha que é de alguém que sabe do que se trata. O que ocorre é que você é de Valls e eles de Londres, e cada um tem uma visão particular das coisas. Eles não são mediterrâneos, são celtas. Devido a isto, a apreciação do *Times*, embora simpática, não é exata. E aí, então, já é outra coisa. Outorgam um valor real às nossas obras, mas constatam serem superiores às deles. Digo isto pois se interessaram e acabaram por vir até aqui.

– Vieram vê-lo?

– Tiveram a discrição de não o solicitar. Apenas olharam. E também fiquei sabendo que visitaram aquelas casas que estamos construindo no Paseo de Gracia. Outro dia, disse-me um senhor que encontrei no bonde, quando ia para a casa de Llorenç[2], que havia visto os ingleses num

---

1. Acredito que Gaudí estivesse referindo-se a um escrito sobre a Nova Catedral de Lérida, publicado pelo Annuário da Associação dos Arquitetos.

2. Gaudí tinha o costume de caminhar até sua casa no Parque Güell, acompanhado do maquetista Lorenzo Matamala. Algumas noites, ao sair de casa, via-o no cruzamento da rua das Cortes com o Paseo de Gracia, esperando o bonde 24. Ao chegar ao ponto final, seguiam a jornada a pé. Certa vez comentou que isto servia-lhe de exercício, pois permanecia o tempo todo nos escritórios da Sagrada Família.

carro vermelho da agência de turismo parado diante das casas. Isto significa que também repararam nelas e fizeram comentários. Mas, como cegos, não as entendem, e não podemos culpá-los por isto.

Incompreensão Nórdica

Como exemplo de seu convencimento sobre a incapacidade de compreensão nórdica, Gaudí disse o seguinte:

– Alguns anos atrás, Eusebio Güell fez questão que levássemos algumas fotos do Templo ao Salão de Arquitetura de Paris. Esta fotografia[3] foi feita especialmente para o evento. Todos os gastos seriam por conta de dom Eusebio. Quem apareceu para convencer-me a ir foi seu filho (já falecido), que era a cara do pai. Este falou-me: "Se quiser viajar a Paris, meu pai o acompanhará". Isto significava que não teria de pagar nada e, ao chegar na França, ele me apresentaria a seus amigos pessoais (Güell costumava ir a Paris todos os anos e lá conhecia muita gente importante). Acabei desistindo, embora fosse uma grande oportunidade para mim. Respondi ao convite com as seguintes palavras: "Diga a seu pai que agradeço a delicadeza, mas após muito pensar decidi não ir. Muito obrigado por sua atenção".

"Um Senhor"

– Mas veja, ele prosseguiu, todas as vezes que nos reuníamos com Güell e com Picó para tratar dos projetos, ele jamais proferiu uma só palavra sobre o assunto. Não parece o procedimento de um príncipe? Nos entendíamos sem necessidade alguma de falar. Nunca me disse nada pessoalmente

---

3. Mostra-nos uma fotografia ampliada da fachada do Nascimento, fixada na parede.

para não me pressionar com sua presença, enviando apenas um emissário de qualidade[4]. Isto é coisa de príncipe.

Dom Eusebio era um senhor em toda a plenitude da palavra. Certa vez estávamos comentando isso com o cardeal Casañas, quando este nos indagou o que entendíamos por "um senhor", e lhe respondemos: "Um senhor é uma pessoa de excelente educação, excelente sensibilidade e excelente situação. E sendo excelente em tudo, torna-se imune à inveja, ninguém o molesta e adora promover os que se encontram a seu redor". Os Médicis por acaso não se encaixariam nesta definição? O cardeal acabou por nos dar razão.

Incompatibilidades

Mas, voltando ao que comentávamos, Gaudí continuou:

– Não quis ir a Paris, porque certamente não nos teríamos entendido; porque se os ingleses são celtas, os parisienses são escandinavos, oriundos de terras ainda mais distantes. É gente que só consegue ver o plano mas não o espaço. Não são mediterrâneos. O berço da arte sempre foi o Mediterrâneo, e como eles são nórdicos não conseguem jamais sair da linearidade do plano. Esta foi a razão de não ter ido a Paris.

Caldeiraria e o Espaço

Gaudí continua:

– Certa vez encontrei um senhor que comentou ter conhecido dois arquitetos que se diziam meus discípulos. Falei-lhe: "Não tenho discípulos, e esses dois (cujos nomes prefiro aqui omitir), para serem meus discípulos, falta lhes o espaço".

---

4. Creio que foi nesta ocasião que Gaudí me disse que a principal qualidade de um emissário é ser filho de quem o tenha enviado. Afirmou que quando Deus quis redimir a humanidade, enviou seu próprio filho.

E acrescenta:

– Possuo esta qualidade de ver o espaço pois sou filho, neto e bisneto de caldeireiros. Meu pai era caldeireiro, como também meu avô e bisavô. Na casa de minha mãe todos eram caldeireiros. Um de seus avôs era toneleiro (que vem a ser o mesmo). E o outro era marinheiro, gente que também vislumbrava os amplos espaços e as situações. Todas estas gerações de gente de espaço facilitam uma preparação. O caldeireiro é um homem que com uma placa tem de criar um volume. Antes de começar o trabalho, tem que entrever o espaço. Todos os grandes artistas do renascimento florentino foram cinzeladores que, como os caldeireiros, obtêm volumes com uma matéria plana, embora não se afastem muito das duas dimensões. Os caldeireiros abarcam as três dimensões, e isso acaba inconscientemente por criar um domínio de espaço que poucos possuem. O que falta àqueles dois "discípulos meus" é a arte da caldeiraria.

O Plano como Meio Auxiliar

– De qualquer maneira, o homem deve valer-se do plano para resolver seus problemas. Certa vez me passou pela cabeça que a sabedoria superior dos anjos consiste nisto: poder "resolver" diretamente as coisas no espaço. É uma questão que submeti várias vezes à apreciação dos teólogos, mas eles a evitaram. Não quiseram se meter com isso.

Equivalência

Resume tudo o que falou dizendo: "Sim senhor: o espaço é 'caldeiraria'". E acrescenta: "Conto estas coisas aos senhores[5], pois sei que me entendem. E estes são segredos pessoais".

5. Logo após o início da conversa, chegou o senhor Sugrañes, arquiteto do Templo.

Dá por encerrado o assunto, e volta à questão inicial:

– É por todas estas qualidades que muitos não têm, que o Templo não conta com a ajuda de quem seria desejável. Mas isto não nos desanima: às vezes a indiferença de uns se traduz no entusiasmo de outros.

Pergunto-lhe se os recursos do Templo seriam suficientes para o prosseguimento das obras. Gaudí responde que sim; muito apertados mas suficientes para não interrompê-las. O importante é que elas não parem.

Diz que pensa erguer duas colunas e com elas será como se tivéssemos feito todo o projeto. Prefere trabalhar em coisas práticas a esforçar-se em desenhar um projeto completo, que é algo para ser incorporado a um expediente, e o expediente não é a obra.

Despeço-me agradecendo por tudo que me contou, e pela prova de confiança que dera, revelando-me estes conhecimentos.

– Sim senhor. O senhor mesmo disse, é uma prova de confiança e, portanto, espero que não abusem dela[6].

Saímos com dom Sugrañes à uma e meia da tarde.

---

6. Após tantos anos transcorridos da morte do mestre, e depois de seu ingresso aos domínios da História, estes comentários sobre a influência da "caldeiraria" em sua obra causaram certa repercussão. Acreditamos que não foi abusar de sua confiança relatá-los, pois ele mesmo nos contou esta versão.

15. TÉRMINO DA PRIMEIRA TORRE

[22 de janeiro de 1926]

Pela manhã vou ver Gaudí para felicitá-lo pelo dia de seu aniversário, comemorado há poucos dias. Aproveito para contemplar o primeiro campanário já terminado.

É Preciso Saber Esperar

Gaudí fala-me deste campanário. Diz esperar os materiais necessários para a construção das "pontas" há quatro anos. Essas coisas costumam andar devagar, pois torna-se preciso coordenar os materiais de diversas procedências e, para fazê-lo bem-feito, não adianta ser impaciente.

Certa vez, o bispo de Vich visitou o Templo e, referindo-se ao atraso no envio dos materiais, disse que se os mosaicos de Veneza estivessem demorando muito, poderiam pedir algo similar em Valência, que chegaria em poucos dias.

179

Já que não se tratava de uma questão de fé, Gaudí desconsiderou a opinião do bispo e esperou os mosaicos de Veneza.

Mosaicos de Ouro e Mosaicos Terrosos

Estes mosaicos, que revestem a ponta do campanário, são de cristal ordinário utilizado nas garrafas verdes, e mais fortes que o outro. O tom dourado é obtido ao se fundir o vidro. Quando está pastoso, estendem-no para formar uma placa e, neste momento, são colocadas lâminas de ouro. O ouro derrete a uma temperatura mais baixa e incorpora-se à superfície do vidro, formando um corpo compacto.

Acrescenta que este tipo de ladrilho poderia ser facilmente produzido na Catalunha. Por esta razão havia pedido o material apenas para um campanário, esperando que algum industrial local se animasse em fabricá-lo para os restantes.

Se no lugar dos mosaicos de vidro e ouro fossem colocadas simples cerâmicas, este acabamento não teria a qualidade que agora apresenta, pois os esmaltes fundem-se a uma temperatura mais baixa sobre uma substância terrosa. A torre pontiaguda que alguns arquitetos começaram a erguer sobre os edifícios, depois que ele fez o remate cônico do Palácio Güell, não ostentam a vivacidade desejada por causa do revestimento de má qualidade e de seu aspecto terroso.

Inscrições no Remate

Na "extremidade" ainda faltam umas letras. Serão de tamanhos diferentes para que o observador as descubra à medida que se aproxime. Suas medidas serão produto de um minucioso cálculo. A vista pode discernir coisas até uma distância de quinhentos diâmetros se o objeto for opaco, e mil diâmetros se for brilhante. Nas inscrições, as letras terão a dimensão de quarenta centímetros a um metro. As menores poderão ser admiradas desde perto do Templo e as demais à longa distância. As observações efetuadas comprovam que a cruz mais elevada pode ser vista a dois mil metros de distância. Seu diâmetro é de três metros e sua superfície, brilhante.

Visão Futura dos Campanários

Subimos até o pequeno terraço onde pudemos contemplar o remate recém-terminado[1]. Era uma manhã de sol, o que torna mais agradáveis as observações visuais. Falava como um vidente que não pode senão expressar com palavras sua visão real.

Gaudí explica-nos a relação desta ponta com as outras três da fachada do Nascimento, que também apresentarão reflexos metálicos, embora com predominância do dourado; e a relação destas com a ponta central que será a mais alta de todas, rodeada por quatro zimbórios menores.

Do cimo das quatro torres que terá cada fachada, serão projetados focos luminosos que, pela parte exterior do Templo, iluminarão a rua e, pela parte interior, dirigidos para o alto, irradiarão feixes de luz às cinco pontas centrais. As quatro mais baixas terminarão em estrelas icosaédricas, que terão também a função de projetores luminosos. Serão icosaedros transparentes com luz interior para iluminar durante a noite e, ao mesmo tempo, refletores que brilharão de dia. As arestas serão refletoras e suas faces transparentes. A ponta central, a mais alta de todas, culminará numa cruz de quatro braços, dos quais, como também da cabeça, sairão raios luminosos que, nas noites de grande solenidade, desenharão uma cruz no espaço e sob seu resplendor repousará a cidade. Assim como esta grande cruz

1. O da parte mais ao sul.

central terá luz própria, seu sustentáculo será de superfície refletora, iluminado por focos de luz das outras torres[2].

Helenismo Inato de Gaudí

Gaudí revela-me que tudo isso a respeito dos mosaicos é grego. Constantinopla. Diz que sente essas concepções de um modo natural, que as traz dentro de si. Quando na faculdade de arquitetura lhe ensinaram as coisas gregas, nenhuma delas representou dificuldade para ele, assimilando-as de imediato.

Certa vez, no Paseo de Borne, em Palma de Mallorca, encontrou o poeta Carner o qual afirmou que nosso arquiteto não poderia ser grego, pois tinha os olhos azuis. Gaudí respondeu-lhe que Palas Athena os tinha verde-esmeralda, e o poeta ficou sem resposta. Mais tarde, conversando sobre isso com o padre Casanovas, uma das maiores sumidades em cultura grega, este lhe afirmou que os olhos de Palas Athena eram azuis.

Tudo na Sagrada Família é grego e diz que, quando estiver pronta, virá gente de todo o mundo para vê-la e influenciará a arte.

Cântico Plástico à Trindade

Detalha-me a policromia das torres. Os "*Sanctus, Sanctus, Sanctus...*", ordenados helicoidalmente, são dedicados de três em três ao Pai, ao Filho e ao Espírito Santo. O primeiro, dedicado ao Pai, será amarelo, que é a cor que melhor representa a luz; o segundo será laranja e representará o Espírito Santo. E o terceiro, dedicado ao Filho, será vermelho, que é a cor utilizada na liturgia como símbolo do

---

2. Com este vislumbre, Gaudí profetizou as luminárias de luz indireta e os holofotes que, com seus potentes raios riscando o espaço, tornariam famosa a Exposição de Barcelona em 1929.

martírio. O Espírito Santo se encontra no centro, é a comunicação entre Pai e Filho e sua cor resulta da mescla entre as duas que os representam. Estas cores serão destacadas sobre suas complementares, violeta, azul e verde, e serão opacas (pintadas com terra). Uma série de estrelas de alumínio, que resiste à oxidação, serão dispostas acima de um fundo branco. Isto lhes trará vida.

As inscrições se alçarão helicoidalmente pelas torres. Todos que as lerem, inclusive os incrédulos, entoarão um profundo hino à Santíssima Trindade à medida que forem decifrando seu conteúdo: o *"Sanctus, Sanctus, Sanctus..."* será lido ao mesmo tempo em que se olha para o céu.

A forma das torres, vertical e parabólica, abarca a união da gravidade com a luz. Os focos de luz estarão em seu cimo, como a luz natural que também vem do céu. Estes focos, dos quais temos falado, darão vida e suntuosidade ao Templo nas noites de solenidades religiosas e serão também o maior adorno para a cidade.

Diz que apenas revela-me estas coisas porque sou de Valls.

Síntese das Três Dimensões

Referindo-se às suas qualidades gregas, conta que elas são devidas ao Mediterrâneo, cuja visão para ele é uma necessidade. Precisa sempre ver o mar e, aos domingos, costuma sentar-se na murada do cais. O mar é o único que sintetiza as três dimensões – espaço. Sua superfície reflete o céu e, através dela, vislumbra-se o fundo e o movimento. Comenta que melhor seria contemplá-lo da praia do Milagre, em Tarragona, onde a luz e as cores apresentam outros matizes; mas se conforma a vê-lo da murada do cais.

Num domingo, quando por ali passeava, encontrou um jovem arquiteto que parou para cumprimentá-lo. Embora falasse bem o catalão, Gaudí percebeu que não era mediterrâneo, mas atlântico. Nas duas ou três coisas que

183

relatara, não havia nenhum fato concreto: tudo era abstrato. Quando o jovem afirmou ter nascido em Santander, Gaudí comentou que já percebera sua origem cantábrica e celta. Mas não se atrevera a dizê-lo.

Um Antecedente da Incompreensão dos Campanários

O marquês de Comillas também era celta. Por isso jamais entendeu a missão franciscana na África, nem o projeto do edifício que lhe encomendara[3]. Numa visita que Comillas e sua esposa fizeram à Sagrada Família, eles perguntaram se as torres do Templo eram idênticas às daquele projeto. Ele respondeu que sim e que o tempo transcorrido não o havia feito mudar de opinião. Certa vez (creio que foi em Madri), fazendo sala na mansão dos Comillas, acabou por escutar que um capelão da casa havia se referido jocosamente às torres daquele projeto. Isto era sinal que Comillas não as tinha entendido.

Um Elogio Sincero

Comento com Gaudí que a finalização desta primeira torre causa um efeito muito bom. Confessa que a opinião mais sincera sobre ela foi proferida por um homem simples, um relojoeiro que há algum tempo, por 25 pesetas anuais, dá corda aos três relógios da Sagrada Família. Normalmente ele cumpre seu trabalho sem dizer palavra. Mas no dia em que se deparou com a torre sem seus costumeiros andaimes gritou: "– A torre está pronta, me dá gozo vê-la!". Este "dá gozo" disse tudo. É o *gaudium magnum** dos Reis Magos ao

---

3. Em 1892, o marquês de Comillas encarregou Gaudí de construir, em Tânger (Marrocos), o prédio das Missões Franciscanas Espanholas, cujo projeto continha várias torres semelhantes às da Sagrada Família.

* "Grande júbilo", do latim *gaudium magnum*. Gaudí aproveitou a deixa para dissimular um sutil jogo de palavras com seu próprio nome. (N. da T.)

contemplarem de novo a estrela que é luz e, portanto, "gozo". Desfruta-se, goza-se. Não é possível dizê-lo mais acertadamente. Dá gozo. O homem não proferiu uma frase; expressou o que sentia. Realmente, esse esplendor dá gozo. Este homem humilde, ganhando apenas 25 pesetas, vem 53 vezes por ano dar corda aos relógios da Sagrada Família. E decerto vai sentir esse gozo impregnado por um bom tempo!

O Aperfeiçoamento do Gótico

Falando da forma das torres, afirmou que esta seria precisamente a que os arquitetos góticos haviam almejado em seus campanários de pisos escalonados como lentes de uma luneta.

Disse que quando foram exibidos em Paris os gráficos da Sagrada Família, o arquiteto Jerónimo Martorell, atendendo um convite do senhor Güell, rumou a esta cidade para explicá-los. Antes de partir, Gaudí advertiu-o que em Paris não iriam entender aquela arquitetura e ela acabaria por gerar muita controvérsia. E caso lhe perguntassem o que vinha a ser aquilo, surgeriu a Martorell que apenas respondesse: "É um aperfeiçoamento do gótico". Ficariam decerto alvoroçados, falando coisas, mas Martorell não lhes deveria dar ouvidos. Apenas quando notasse que lhes havia terminada a corda, que repetisse convictamente: "É um aperfeiçoamento do gótico".

Umas Luminárias para a Cripta

Em seguida me mostra umas luminárias de alabastro que está projetando para a cripta. Sua forma geral é hiperbólica de revolução, combinada com casquetes parabólicos e metais que entrelaçam ambas as formas.

16. LEMBRANÇAS QUASE ESQUECIDAS

*Como foi exposto nos capítulos anteriores, ter-
minam as anotações feitas em vida do mestre,
ao calor de sua palavra. Mas tentarei aqui, re-
correndo à memória, esgotar tudo o que possa
lembrar no campo anedótico.*

Enquanto preparava a biografia do grande arquiteto, edi-
tada há pouco pelo Colégio de Arquitetos da Catalunha e
Baleares, contei com a colaboração do jovem amigo Jordi
Ballart, com quem costumava conversar freqüentemente
sobre temas gaudianos, na execução de alguns gráficos.
Certo dia ele me perguntou se com aquela biografia e minhas publicações anteriores havia esgotado tudo o que sabia
sobre o genial arquiteto. Respondi-lhe que sim, com exce-
ção das conversas agora publicadas nos capítulos 11 e 13 da
presente edição, e alguns pormenores de caráter pessoal.

Respondera de improviso. Nunca havia pensado seriamente naquilo, e sua pergunta me levou a forçar a memó-

ria, tentando obter alguns detalhes dignos de menção. Na verdade, apenas era inédito o que não contara por tratar-se de assuntos pessoais, ou coisas sem importância, principalmente os elogios que ele me fizera, cuja publicação poderia parecer presunção de minha parte. Fala-se que em Gaudí tudo se torna interessante e o tema vem sendo cada vez mais atual. Como contribuição objetiva a posteriores estudos, procurarei remexer no baú de minhas recordações, tentando achar mais alguma lembrança que colabore no melhor conhecimento do mestre.

Plástica e Espaço

A Expressão nos Retratos

É notório que Gaudí possuía uma sensibilidade plástica muito apurada e, graças a ela, mesmo não sendo escultor chegou a praticar magistralmente a arte da escultura. Nesta, ele dava mais importância à expressão que aos detalhes fisionômicos.

Certo dia pediram sua opinião sobre um busto daquele que fora seu grande amigo, o bispo Torras y Bages, pois, embora suas feições tivessem sido fielmente retratadas, "não era ele". Os traços estavam corretos, mas a ágil percepção do arquiteto notou que o erro consistia em que a triangulação formada entre o rosto e os ombros não era do sábio prelado. A cabeça estava um tanto deslocada dos ombros, dando uma expressão que não era a sua.

Ao explicar-me tudo isso, acrescentou que cada pessoa possui um triângulo característico e esta era a razão por que muitos retratos fotográficos saíam falhos, apesar da semelhança fisionômica: por ter sido adotada uma postura forçada na hora de fotografar.

Campanários Tarraconenses

Seu assunto favorito eram as qualidades plásticas dominantes no Campo de Tarragona. Certa vez me mostrou como eram bem proporcionados os campanários barrocos existentes nesta comarca. Sugeriu-me que, sendo eu um entusiasta da crítica artística e natural deste campo, poderia elaborar um estudo comparativo entre eles, em que provavelmente apareceriam as características determinantes da região.

A Catedral de Gerona

Gaudí relembra o episódio histórico da reunião dos arquitetos que ocorreu em Gerona, no ano de 1446, para discutir o prosseguimento das obras da Catedral cujo projeto comportaria três ou uma nave. Ela fora inicialmente projetada para comportar três naves. Dos doze arquitetos consultados, sete meridionais, de sensibilidade espacial mais apurada, aconselharam prosseguir o Templo com as três naves já iniciadas. Mas os arquitetos do norte, menos sensíveis neste aspecto, mesmo sendo todos eles de terras catalãs, foram unânimes em continuá-lo com uma só.

Apesar de serem minoria, a solução escolhida foi a dos arquitetos do norte, que Gaudí qualificava de "monstruosa", por haver adaptado, naquele templo, uma cabeça normal a um abdome de proporção descomunal pelas suas excessivas dimensões.

Opiniões sobre Personalidades

Segundo Quintana, as opiniões de Gaudí sobre fatos e pessoas eram contundentes, e as proferia sem paliativos por mais importante que fosse o personagem.

O Rei Alfonso XIII

Quando este monarca visitou a Sagrada Família, em 1904, felicitou o arquiteto pelas belezas admiradas na obra e quis manifestar seu apreço com um forte abraço. Não lhe agradou o gesto. Gaudí comentou, posteriormente, que Deus havia dignificado o homem com o dom da palavra para que pudesse exprimir seus mais elevados sentimentos. Fazê-lo mediante gestos era rebaixar estes sentimentos, ato mais próprio de irracionais. Recordou a postura dos cachorros brincando, quando colocam as patas dianteiras nas costas dos outros em sinal de abraço.

Ênfase sem Motivo

Já havíamos visto, na conversa do dia 21 de fevereiro de 1915, o rigor com que julgava a pintura de Michelangelo, no tocante à musculatura de seus nus. A pintura de seu conterrâneo, Baldomero Galofre, no conjunto, não escapou a este rigor crítico. Não gostava dela e costumava comentar, num tom de pilhéria, a ênfase que a esposa do artista dava ao fato de ter em sua casa uma quantidade enorme de "Galofres". Gaudí jamais lhes outorgou a importância que, segundo ela, possuíam.

De forma análoga a Galofre, porém de maneira muito mais incisiva, lançava-se contra Eugenio D'Ors, então no auge de sua fama na Catalunha, o qual qualificava de "literato" num tom pejorativo, sinônimo de algo superficial e cujo conteúdo não correspondia ao conjunto do estilo.

Sábio e Santo

Mas era admirador incondicional do arquiteto Juan Martorell Montells, de quem fora ajudante no início de sua carreira. Dizia que ele era "sábio e santo", e fora o arquiteto de maior sensibilidade plástica de seu tempo.

Qualidades Notáveis

Dizia do seu colaborador Francisco Berenguer, a quem todos seus cálculos eram confiados, que "jamais se enganava". Depois de fazer estas operações com uma atenção meticulosa, repetia-as novamente para sua maior segurança, antes de dar por terminado seu trabalho*.

---

* Gaudí costumava declarar que não conhecia outra geometria que a elementar. Mas seu calculista Francisco Berenguer era especialista em

Outro de seus colaboradores que sempre elogiava era o maquetista Lorenzo Matamala, que teve como auxiliar desde o princípio de sua atuação como arquiteto da Sagrada Família. Interpretava com perfeição seus mais complicados modelos.

Cambó

Seu político favorito era Cambó, tanto no campo ideológico como pelas atitudes que tomava. Admirava também sua oratória concisa que empregava com eficácia. Quando considerava necessário, proferia discursos que tinham grande conteúdo político e não eram simples oratória. Gaudí costumava dizer que seus pronunciamentos eram como a água que rega as plantas.

Comentou que Cambó, certa vez, no Congresso de Deputados, em protesto ao discurso de um adversário, levantou-se e saiu do salão sem dizer palavra. Lembrou que, naquele momento político, seu silêncio foi muito mais eloqüente que um grande discurso.

Maneiras Pessoais

Gaudí não era arisco nem anti-social, mas tinha seu estilo pessoal de produzir-se, do qual não se afastava nunca.

Areia na Cara

Sempre afirmou que na rua deve-se dar preferência aos pedestres em lugar dos veículos e, certa vez, defendeu com teimosia este critério. Nesta época, existia uma linha de bonde para San Andrés que partia da rua Trafalgar, junto à de Brunch. Quando o arquiteto foi atravessar a rua, um

---

geometrias não-euclidianas, como a de Nicolai Ivanovich Lobachevsky (1792-1856), matemático russo criador da geometria do espaço curvo (atualmente utilizada nas viagens espaciais), na qual as retas paralelas se encontram no infinito. (N. da T.)

bonde deu partida e, apesar de ir em sua direção, dando fortes sinais com a sineta, Gaudí não acelerou o passo. O bonde freou bruscamente e o motorneiro, irritado, arrojou à cara do arquiteto um punhado de areia, que era levada nestes veículos para evitar que as rodas patinassem nas ladeiras íngremes.

Exercício Articular

Em seu estúdio e escritórios do Templo, costumava vestir um guarda-pó cinzento, dos que eram usados naquele tempo, ou um casaco nos dias de frio. Várias vezes presenciei a troca dessas peças ao sair ou ao entrar e, como é natural, me oferecia para ajudá-lo na difícil tarefa de achar a manga. Nunca consentiu. Agradecia a atenção, mas recusava minha ajuda, alegando que aquilo lhe servia de exercício para manter flexíveis suas articulações.

Dois Mestres-de-Obras na Mesma Construção

Quando estava construindo o Palácio de Astorga, tinha dois mestres-de-obras, fato que alguns criticavam por ser considerado desnecessário. Certa vez perguntaram o porquê daquela dupla de encarregados. Retrucou que era para que "o outro cantasse", explicando este aparente disparate com a seguinte anedota:

Num transatlântico, onde se realizavam concertos operísticos para divertir os passageiros, um empresário havia contratado um grande tenor, mas para este não se sentir imprescindível, havia outro de reserva, que não costumava exercer sua arte. Quando alguém perguntava a razão daquilo, ele respondia: "Para que o outro cante".

Acredito que com os mestres-de-obra do Palácio, Gaudí não esperasse alguma vaidade do tipo "tenor", como temia o empresário do transatlântico, e suponho que os dois atuavam conjuntamente. No entanto, o arquiteto considerava que daquela maneira evitaria possíveis transgressões do mestre principal, numa obra onde sua presença poderia não ser tão freqüente.

Fotografias

Para obter fotos artístico-documentais de arquitetura, e principalmente de sua obra, Gaudí não confiava em fotógrafos profissionais. Opinava que estas fotos deveriam ser feitas pelo próprio artista, ou por sua intervenção direta.

Na Sagrada Família

Fendas

Nas grandes janelas, entre a parte absidal do Templo e a fachada do Nascimento, aparece uma fenda muito visível no sentido vertical, cuja razão explicou-me minuciosamente. É devida ao fenômeno natural do assentamento da obra, que se torna aparente pela diferença de peso entre as torres e as partes absidais, contíguas, menos pesadas e construídas anteriormente. A diferença de assentamento acabou ficando marcada por esta fenda. Fenômenos assim são comuns em diversas construções. Comentou que, como não há pessoa sem defeito, não existe edifício sem fenda.

Impudor das Articulações

Gaudí não apenas cuidava das obras de seu Templo predileto como também da liturgia. Quando as casulas sacerdotais em forma de violão foram substituídas pela forma gótica, usada atualmente, procurou-se encontrar um modelo perfeito de cobrir os cotovelos do celebrante. Comentava que no corpo humano desnudo, o impudor se localiza nas articulações que devem ser recatadas. Quando o sacerdote lava as mãos durante a missa, deve fazê-lo com o antebraço dirigido para baixo, pois isto ajuda a manter cobertos os cotovelos.

193

O "Projeto" do Templo

Quando em seus últimos anos faltava pouco para terminar as quatro torres (apenas conseguiu acabar uma), pensava que assim que estivessem prontas, iniciaria a construção do interior do Templo, começando pelas colunas do cruzeiro e suas abóbadas correspondentes, contíguas à fachada lateral, que as uniria ao transepto já edificado. Disse-me que com isso concluído, estaria resolvido o projeto geral do Templo, do qual não deixou nenhuma planta.

Uma Piada

Certa vez, Gaudí se queixava da lentidão das obras do Templo, quando Quintana me pediu para contar uma piada em voga que se referia diretamente ao assunto. Dom Antonio mostrou-se receptivo a ela.

Tratava-se de um barcelonês que acompanhava uns americanos numa visita aos monumentos de Barcelona. Em cada um destes, eles demonstravam muito interesse no tempo que havia durado sua construção, afirmando sempre que nos Estados Unidos seriam feitos com maior rapidez. Por exemplo: a Catedral e a Generalidade em um ano; o Palácio da Justiça em três meses e a praça de touros em menos de um mês.

Chegando à Sagrada Família, os americanos, deparando-se com aquelas torres gigantescas, perguntaram: "Mas o que é isso?". O barcelonês, cansado de tanta rapidez construtiva, fingindo surpresa respondeu: "Não sei; ontem mesmo passei por aqui e não havia nada".

Dom Antonio riu a valer, aprovando o estratagema.

Esgotando o Assunto

Defesa Natural

Antes de entrar nas recordações de caráter pessoal, como final às de caráter geral, relato uma de suas observações com as quais costumava demonstrar que a sabedoria do Criador se revela nos mais ínfimos detalhes, aparentemente insignificantes. Comentava que a mucosidade nasal, que aumenta com o frio, é uma defesa natural da membrana pituitária, justamente contra a baixa temperatura. Chamar alguém de "mucoso" pode ser interpretado como ofensa, mas na verdade é um elogio ao bom funcionamento de suas defesas.

Providência e Casualidade

Demonstrando a diferença entre Providência e casualidade, Gaudí costumava dizer que aquilo que nos aparece como mera casualidade não transcendente são meios dos quais se vale a Providência para alcançar seus fins.

Perguntas Inteligentes e Perguntas Tolas

Outra destas observações refere-se ao sentido de certas perguntas que por si só revelam a capacidade de quem as formula. Dizia Gaudí que algumas, por seu conteúdo e oportunidade, são prova de inteligência. Mas existem outras que denotam (às vezes de maneira discreta) ignorância e até tolice; são reflexo puro e simples da estreiteza mental de quem as elabora.

Intimidades

Provas de Confiança

A cordialidade com que sempre me tratou era principalmente devida ao fato de ser seu conterrâneo do Campo de Tarragona. Dizia sempre: "A você confio estes conhecimentos pois é de Valls e me entende". Ser do Campo de Tarragona era, para Gaudí, ter o privilégio de possuir muitas qualidades que atribuíam às pessoas daquela comarca. Certa vez comentou que eu costumava explicar as coisas "curto e grosso", como era próprio da gente de "nosso Campo". Como exemplo, entre outros que poderia citar, recordarei os seguintes casos:

Conselhos Valiosos

No início de minha carreira como arquiteto, consultei-o sobre uns arcos equilibrados que pensava construir numa forma ousada demais. Sua opinião foi favorável e, poucos dias depois, por meio de seu ajudante Quintana, aconselhou-me um engenhoso recurso que assegurava solidez aos arcos contra possíveis eventualidades.

Noutra ocasião, por volta de meus 34 anos, não me lembro por que motivo, falei-lhe sobre uma moça com a qual começara a me envolver. Deduziu que eu estava pensando em casar-me pois, nesta idade, não deveria perder muito tempo, mas buscar com decisão minha futura esposa. Respondi que sempre achei preferível "encontrá-la" a "buscá-la", citei até o conhecido provérbio espanhol: "casamento e mortalha do céu baixam". Gaudí me disse que estava errado porque, como iniciava minha profissão e já havia passado a primeira juventude, o interessante problema casamento não se resolveria por si só, e segredou-me que jamais sentira vocação para o casamento, pontuando uma série de considerações sobre o matrimônio que relato na página 56 do livro *Gaudí, su vida, su teoría, su obra* (Gaudí, Sua Vida, Sua Teoria, Sua Obra*)*.

Tênues Dissabores

Apesar de toda essa cordialidade que comento, houve também ocasiões em que nossos pontos de vista não coincidiram. Quando em 1917 publiquei o *Libre de Bonifàs, Escultor Setecentista*, dei-lhe um exemplar que ele muito apreciou, como outros estudos meus que havia lido. Não obstante, depois soube, por Quintana, que ele havia feito uma série de ressalvas ao capítulo "...y mirau qui son fraras"*, em que era relatado um rompimento de contrato com o Convento

---

* Do catalão "...y mirau qui son fraras" – "...e olhe que são freiras". (N. da T.)

de Santa Catalina de Barcelona, que havia prejudicado o escultor. Ao que parece, Gaudí ficou ressentido com minha atitude de divulgar a falta de decoro destas religiosas.

Outra ocasião, comentando as diferenças que ele estabelecia entre "imaginação" e "fantasia" (não lembro se isto tinha relação com as cores), opinei que os espectros se manifestam em branco ou preto, ao passo que as imagens seriam representadas em várias cores. Pensava que estas idéias, além de responder a minha opinião, reforçariam sua teoria sobre este assunto. Mas Gaudí não concordou com uma só palavra, e ao tentar explicá-las, atacou-me com maior vigor. Aquilo me fez desistir de dar prosseguimento ao assunto. Acabaria numa discussão (muito freqüente com outras pessoas) que para mim seria inoportuna.

Mas em nenhum destes momentos senti o menor constrangimento. Se houve algum desacordo entre minhas opiniões (sempre bem recebidas) e suas profundas e sensíveis explicações, não me dei conta disso, ou as esqueci. Melhor assim. Prefiro a suave sensação daquela benevolência que tenho em alta estima, à lembrança de alguns dissabores, por mais tênues que tenham sido.

17. A MORTE DE GAUDÍ

O Acidente

Na quarta-feira, 9 de junho de 1926, fiquei sabendo pelos jornais que Gaudí estava gravemente ferido no Hospital da Santa Cruz após ter sido atropelado por um bonde. O acidente ocorrera na segunda ao entardecer, enquanto cruzava a rua As Cortes Catalanas. Como de costume, dirigia-se à Igreja de San Felipe Neri. Ninguém o reconheceu. Quatro automóveis passaram e nem sequer pararam. Outro deles parou e o levou à Casa de Socorro de la Ronda de San Pedro. Eram seis horas da tarde.

Às dez e meia, como não havia regressado à Sagrada Família[1], o monsenhor Parés ficou de sobreaviso, pois

---

1. Fazia certo tempo que Gaudí costumava dormir no pavilhão dos escritórios de obra da Sagrada Família, onde tinha disposto uma cama entre as plantas e estudos do Templo. A decisão de morar na Sagrada Família foi influenciada pela morte do maquetista Lorenzo Matamala, que costumava o acompanhar todas as noites até sua casa no Parque Güell.

Gaudí jamais chegara tarde, e temeu que este sofrera algum acidente ou tivesse sido novamente preso[2]. Percorreu então todos os prontos-socorros que se encontravam no caminho que o arquiteto costumava fazer e, no segundo deles, lhe disseram que lá havia dado entrada um ancião que trazia uma *Bíblia* na mão e vestia-se como indigente. Não havia dúvida que era Gaudí. Comunicaram também que tinham levado Gaudí ao Hospital Clínico.

O monsenhor Parés foi buscar o arquiteto Sugrañes e ambos se dirigiram a este hospital. Não estava lá. Telefonaram ao pronto-socorro onde responderam que não haviam dado ordem à ambulância para conduzi-lo ao Hospital Clínico, e se ele não estava lá, decerto o haviam levado ao Hospital da Santa Cruz[3].

Um Paciente Anônimo

Para lá se dirigiram imediatamente e perguntaram sobre o arquiteto Gaudí. Disseram que se Gaudí lá estivesse, todos saberiam. Monsenhor Páres respondeu que ele estava naquele hospital, embora não o tivessem reconhecido. Correram até a sala dos feridos e lá estava Gaudí jogado numa cama, sem que lhe tivessem prestado os devidos cuidados. Foi então removido às pressas para o setor pago.

Comoção Pública

No dia seguinte, todas as eminências daquele hospital estavam a postos para examiná-lo e, a partir deste momento,

---

2. Gaudí esteve preso por quatro horas, no dia 11 de setembro de 1924, como vimos no capítulo 13 e, anteriormente, já havia quase sido preso ao sair dos Jogos Florais em 1920.

3. Esta ambulância foi interpretada como um ato providencial, pois Gaudí diversas vezes manifestou seu desejo de morrer no Hospital da Santa Cruz.

não lhe faltaram cuidados. Mas seu estado era muito grave. Pensou-se em transferi-lo para outro centro médico, mas seu quadro clínico o impossibilitava.

Ao receber a visita do monsenhor Páres e dos arquitetos auxiliares do Templo, Sugrañes e Quintana, Gaudí recuperou momentaneamente a lucidez e pediu que prestassem-lhe os Santos Sacramentos, que foram ministrados com todo o fervor.

Na quarta-feira, após ler nos jornais a triste ocorrência, fui ao hospital com meu pai. A notícia que obtive era que seu estado havia se agravado muito. Assinamos umas listas que estavam à disposição daqueles interessados em sua saúde. Os jornais vespertinos afirmavam que várias personalidades haviam ocorrido àquele lugar. O cardeal Vidal y Barraquer, o bispo Miralles, Puig i Cadafalch, acredito que Cambó e outros.

No dia seguinte, voltei. Eram quase onze da manhã. Quando atravessava a passagem que dá para a rua del Carmen, o bispo Miralles saía em sua carruagem. Na antecâmara de Gaudí havia mais gente que no dia anterior. Lá faziam vigília os arquitetos Juan Rubió, Sugrañes, Folguera, Bonet, Cunill, além de outros. Posteriormente chegou o clérigo Cardó y Raimundo de Abadal.

Disseram-me que Gaudí estava agonizando. Entrei para vê-lo. Respirava com os últimos estertores da morte. Os olhos abertos. Vez em quando olhava de forma normal, mas sem dar sinais de algum reconhecimento. Alguém me falou que estava assim naqueles dias, sem alterar sua mirada serena nem às mais altas personalidades. Às vezes sussurrava: "Jesus, Deus meu!". Isto levava a crer que mantinha sua lucidez, e tentava evitar um diálogo com o mundo naquela hora suprema. Acima da almofada havia um crucifixo e um lenço.

Na antecâmara estava o senhor Mañach, que foi o primeiro a propor, junto a alguns jovens arquitetos que haviam conhecido Gaudí, o lançamento, na imprensa, da idéia de reunir todo o material de estudo e documentos

201

para criar os princípios de uma estética gaudiana. Melhor isto que um monumento.

Também se encontrava presente o jornalista do *La Publicitat* que, já prevendo o desenlace, pedia escritos inéditos, fatos curiosos e anedotário para publicá-los numa edição especial sobre o grande arquiteto. Fiquei constrangido. Na madrugada Gaudí entrou em coma. O que haviam me pedido, seria, sem dúvida, benéfico para a divulgação de sua obra, mas seus olhos ainda miravam, e ele continuava a respirar. Apesar de tudo, comprometi-me a entregar a matéria até o final da tarde[4].

A Passagem

Aconteceu no dia 10. No Paseo de Gracia, acompanhado de meus pais, encontrei Quintana que, despedindo-se de sua esposa, comunicou-me que Gaudí falecera às cinco da tarde.

Fomos ao hospital, e não nos deixaram vê-lo. Disseram que estavam fazendo sua máscara mortuária. Perguntamos se poderíamos velá-lo durante a noite e, consultada a junta do hospital pela do Templo, a resposta foi afirmativa.

O Velório

Às dez e meia voltei ao hospital. A sala fora convertida em capela, com estrado e duas mesas de altar. No meio encontrava-se um túmulo do tipo imperial frente a três pilares. Sobre o túmulo jazia o corpo de Gaudí, que no momento estava coberto com um pano branco.

Queriam fazer sua máscara mortuária.

Ouvi dizer que não seria permitido tirar nenhuma foto para respeitar sua vontade, pois em vida jamais se deixava

---

4. Este jornalista do *La Publictat* era meu grande amigo, o poeta Melchor Font, que estava fardado por prestar o serviço militar.

fotografar[5]. A Junta do Templo acabou por resolver que seria feita a máscara.

Quem a realizou foi o jovem escultor Juan Matamala, filho do maquetista do Templo, que em vida trabalhara e fora muito amigo de Gaudí. Os presentes tornaram-se então auxiliares daquele escultor. Eram os arquitetos Ráfols, Puig Boada, Truñó, Pelayo Martínez e eu. Na sala estava também um jovem médico amigo de Gaudí, o capelão do hospital e alguém mais[6]. Estudantes de medicina, que deveriam estar de plantão naquela hora, entravam e saíam movidos pela curiosidade. Também ali permaneceu, por um tempo, o desenhista Ricardo Opisso, que durante anos trabalhara na Sagrada Família.

Repartimos a tarefa, juntamente a Francisco Bonet, sobrinho de Gaudí, de iluminar e segurar a tigela que continha uma massa oleosa, com a qual o escultor pintava sua cabeça para que o gesso não aderisse.

A máscara foi feita de toda a cabeça, mediante o uso de dois moldes. Para se trabalhar a parte occipital, tivemos de erguer a cabeça e parte do busto. Eu e Pelayo Martínez levantamos também seus ombros, para que não se dobrasse. Colocamos um suporte em suas costas e, quando não foi mais necessário, o retiramos.

Constrangia-me ter de segurar o corpo. Aos outros, creio que também, mas na colaboração de todos, podia-se ver o máximo de caridade para com dom Antonio. Ao ti-

---

5. Todas as fotos que temos de Gaudí foram tiradas à sua revelia, muitas vezes tendo de utilizar-se estratagemas, pois ele jamais se deixava fotografar. O fotógrafo Adolfo Mas certa vez segredou-me que quando Gaudí se dirigia à Casa Milá, vindo do Paseo de Gracia, ficava muito tempo "de campana" com sua máquina, próximo ao lugar onde pudesse enfocá-lo quando passasse. Todas as vezes que alguma personalidade ia visitar o Templo, Gaudí costumava esquivar-se dos fotógrafos e, quando não o conseguia, interpunha um chapéu entre o rosto e a câmara, simulando o gesto de saudação.

6. O jovem médico, que na época não conhecia, o doutor Alfonso Trías (vizinho de Gaudí no Parque Güell e seu amigo desde a adolescência), tornou-se posteriormente um dos meus melhores amigos. O capelão era o reverendo Alfonso Royo.

rar-lhe o molde da parte esquerda, um olho se entreabriu. Nesta circunstância, tudo que tive de ver e fazer por Gaudí não me produziu repulsa, embora não me agradasse o contato com cadáveres. Para nós Gaudí não era um cadáver, mas o mestre venerado que estava entre amigos.

Esta operação prolongou-se até uma da madrugada. Algumas pessoas entraram, entre elas o publicitário Pedro Corominas, que permaneceu por um certo tempo olhando-o respeitosamente.

Logo fomos velá-lo. Ninguém tomou a iniciativa de rezar; o que teria sido mais adequado. O ímpeto das primeiras horas em realizar a máscara desvirtuara a piedosa motivação do velório. As conversas, num tom de maior respeito, giraram em torno da vida de dom Antonio.

Tudo isto foi escrito pouco após o ocorrido. Passei nove longos meses absorto em problemas de ordem pessoal e alguns detalhes talvez me tenham escapado da memória. Mas não me esforço em recordá-los, pois o essencial já foi publicado pela imprensa.

O Segundo Dia

No dia seguinte, o corpo de Gaudí foi colocado à visitação pública. Foi difícil vê-lo no hospital, pois a fila era imensa e todos queriam passar diante dele. Voltei à noite para o velar e já não havia tanta gente como na véspera. Entre os presentes pude notar os arquitetos Bayó e Jujol; este nos propôs que fizéssemos uma prece e rezamos o rosário. O corpo de Gaudí já estava embalsamado e colocado no interior de um féretro dourado, com uma tampa de cristal. Jazia no espaço entre as duas mesas do altar.

À medida que o horário avançava, ia esvaindo o número de pessoas, mas em nenhum momento lhe faltou companhia. Quando me retirei ao amanhecer, lá ficou Pelayo Martínez, com um iluminador que havia trabalhado para dom Antonio, à espera de outro turno que os substituiria.

204

O Enterro

Pela tarde, o enterro foi algo pungente. Artistas, intelectuais, admiradores e populares formavam um grande séquito que caminhava pelas ruas Carmem, Ramblas e de Fernando para cantar o *corpore insepulto* na catedral e depois dirigir-se à Sagrada Família, onde Gaudí deveria ser enterrado, com a devida permissão de Madri e Roma.

À Voz Baixa

Caminhava ao lado de um publicitário, crítico, historiador e, creio, professor de arte numa escola oficial, que certa vez se lançara contra a arquitetura de Gaudí. Sua tese detratora consistia em que, entre "várias extravagâncias inúteis", o caso de Gaudí era emblemático por ter deixado as torres da Sagrada Família abertas em seu ponto culminante, exatamente no lugar onde este elemento teria de reforçar sua solidez. Limitei-me a responder-lhe que aquela era uma questão técnica perfeitamente resolvida, pois as estruturas cupuliformes como aquelas permitiam deixar a estrutura aberta na parte superior, sem que se perdesse estabilidade. Por respeito ao ato me abstive de recordar-lhe os inúmeros casos de cúpulas e abóbadas construídas desta maneira; as simplesmente abertas, como a do Panteão em Roma e o cruzeiro de Poblet (apesar de sua estrutura ogival). Lembrei-lhe também as que têm uma lucerna protegendo a abertura, como São Pedro no Vaticano, a Catedral de Florença (as mais célebres do mundo), os Inválidos de Paris, o Escorial, o Salão de San Jorge de la Generalidad e tantos outros exemplos que este professor, historiador e crítico deveria conhecer e decerto não se atreveria a qualificá-las como "extravagâncias inúteis".

O povo de Barcelona, comovido, lotava as ruas e parapeitos por onde passávamos, engrossando as fileiras do pungente cortejo.

A Vizinhança do Templo

Os balcões das casas nas vizinhanças do Templo estavam tomados por panos negros pendurados. Neste lugar mora gente humilde. Algumas janelas ostentavam colchas coloridas tendo ao centro um lenço negro e outras apenas mantas penduradas em sinal de luto. Era uma manifestação espontânea de dor que a vizinhança sentia por dom Antonio, que tantos anos o vira passar por ali com seu aspecto modesto. Se dom Antonio pudesse ver com seus olhos mortais aquela calorosa manifestação, com certeza eles se umedeceriam, como tantas vezes presenciara em ocasiões onde a ternura espiritual era evocada. Provavelmente teria se emocionado mais com esta mostra sincera de estima que com o imponente desfile de personalidades que acompanhavam o féretro.

Ao chegar no Templo, o Orfeu Catalá, sob a regência do maestro Millet, entoou um réquiem que reverberou solene naquela arquitetura magistral dourada pelo sol poente.

Foi enterrado numa das sepulturas da cripta.

Descanse na paz do Senhor e interceda para que um dia possamos a compartilhar.

18. A TUMBA PROFANADA?

[Barcelona, 7 de janeiro de 1940]

Domingo, 24 de dezembro de 1939. O arquiteto Quintana[1] me convida para comparecer, junto aos amigos que conheceram e admiravam Gaudí, ao fechamento de seu novo túmulo, que foi profanado durante a Guerra Civil. Suspeita-se que seu corpo fora retirado...

Peço-lhe mais detalhes sobre a profanação, pois ouvira rumores sobre o assunto. Explica-me que, nos primeiros momentos da revolução marxista de julho de 1936, a tumba da família Bocabella havia sido violada na mesma cripta da Sagrada Família, mas a de Gaudí ficara intocada. Alguns meses depois, durante a noite, as autoridades locais notaram estranhos sinais luminosos nas torres, e suspeitaram que alguém estaria guardando armas na cripta. Este foi o

---

1. Após o falecimento de Domingo Sugrañes durante a Guerra Civil Espanhola, Quintana ficou sendo o único arquiteto da Sagrada Família.

motivo da obtenção da licença e a posterior abertura do túmulo de Gaudí (o único que faltava abrir). Mas, ao verificarem que lá apenas havia o corpo do arquiteto, acabaram por desistir do intento. As armas não existiam, e os estranhos sinais luminosos não passavam de reflexos do brilho da lua nos mosaicos das torres.

Ao que parece, o corpo de dom Antonio não foi tocado e sua tumba ficou aberta até a chegada da Guarda Civil. Logo depois ela foi coberta com uma laje provisória e agora iremos fazer a definitiva. Mas, antes de tudo, queremos nos certificar que lá se encontra o verdadeiro Gaudí.

Quintana me pergunta se eu poderia estar presente na Sagrada Família na sexta-feira, dia 29, às onze da manhã, pois pensa em avisar também os arquitetos Ráfols, Puig Boada, Bonet e outros. Confirmo minha presença.

Na sexta, pouco antes das onze, encaminho-me à Sagrada Família, onde chego ao mesmo tempo que Puig Boada. Logo aparece Quintana e, por algum tempo, observamos a reconstrução do pavilhão dos escritórios de obra, que fora praticamente destruído. Na medida do possível, pensa-se em reconstruí-lo tal como era.

Visitamos um modesto presépio que foi instalado no subterrâneo, no mesmo lugar onde se encontravam as magníficas maquetes. Tudo está desolado, com restos de modelos espalhados pelo chão. Quintana comenta que deste amontoado informe serão escolhidos alguns pedaços aproveitáveis. Saudamos o capelão da paróquia que está sediada na cripta do Templo.

Chega o arquiteto Bonet, acompanhado de um desconhecido, e depois o arquiteto Pericas. Esperamos até às onze e quinze pelos demais. Ráfols não foi convidado, devido a certas dificuldades.

Descemos até a Cripta, onde se pode notar visivelmente os sinais da profanação, por mais que os altares tenham sido reparados. A escultura das portas da sacristia está mutilada. As paredes e arcadas estão manchadas pela fumaça e apresentam rachaduras causadas por fogo.

208

Caminhamos até onde está a tumba de Gaudí. Um pedreiro removeu a laje provisória. Na cripta encontram-se o capelão do Templo, outro sacerdote e dois operários. Outra pessoa ficou de guarda na porta para evitar possíveis curiosos.

Aberta a tumba, pode-se ver o féretro à pequena profundidade. O pedreiro tirou a primeira tampa de madeira, e apareceu a de cristal, que permite vislumbrar vagamente o corpo. O pedreiro limpa o cristal com um pano e ilumina a tampa com uma lâmpada elétrica. Esta, ao mover-se, projeta no rosto de Gaudí algumas sombras movediças. Por um momento produzem a sensação de larvas em movimento. Mas quando a vista se acomoda à escuridão, entrevemos a formação craniana de Gaudí, a cabeça caída para trás e a boca aberta. Notam-se as mesmas feições e a barba branca disposta entre a mandíbula inferior e o negro hábito que veste. Lembrei-me que ele fora enterrado com um rosário nas mãos. Estas, que estavam juntas, separaram-se e a direita voltou-se para o lado. Finalmente conseguimos distinguir os rosários, na mão esquerda, em meio ao negror de sua veste.

Todos concordamos que aquele era o corpo de Gaudí E dois argumentos o provavam: um dedutivo, fundamentado no fato de que nem o cadáver ou féretro tinham sido tirados daquele lugar. Mesmo que nenhum dos presentes o houvesse conhecido, poderia deduzir que aquele corpo era o mesmo que fora ali colocado treze anos atrás. Quando perguntamos aos pedreiros o que ocorrera, eles confirmaram o que Quintana havia dito.

Esta tumba não fora profanada nos primeiros dias da Guerra Civil, mas posteriormente. E nem fora aberta por vândalos, mas pela polícia, que, ao constatar que não havia armas, deixaram-na intocada. Que motivo explicaria a retirada do corpo?

O outro argumento é o nosso testemunho, que o havíamos velado e visto no interior do féretro. Nossa opinião é unânime: trata-se da mesma pessoa.

Rezamos um Pai-nosso.

Quintana pede ao pedreiro que retire alguns fragmentos do ladrilho caídos ao redor do féretro, e faça a soleira que fechará a sepultura antes de receber a laje exterior. O pedreiro coloca a tampa de madeira sobre o féretro, seguindo as indicações do arquiteto.

São ouvidos alguns comentários sobre o estado de conservação do corpo, pois não estava decomposto. Haviam-no embalsamado com o método Eternitas que, pelo vácuo, impede a vida de microorganismos.

Não resta mais dúvidas sobre a autenticidade do cadáver. A operação durou trinta minutos e decidiu-se redigir uma ata testemunhal para ser assinada pelos presentes.

ANEXO:
LISTA DE TERMOS E ASSUNTOS

A
Arquitetura Gótica – 80-81, 103, 185
Arte e Comércio – 46, 75-77, 137

B
Beleza – 54, 90, 140, 142-143

C
Campo de Tarragona – 111, 112, 137-138, 155, 188-189, 195
Canto Litúrgico – 71-72, 101, 102
Construção do Templo depois de Gaudí – 59-60, 62, 63, 123-124
Curvas de Equilíbrio – 32, 46, 80, 81, 83

E
Elegância – 124, 139-140
Elemento que Sustém e Elemento Sustentado – 110
Escultura – 89, 91, 99, 100, 101, 111, 112, 122
Espaço e "Caldeiraria" – 175-176, 183, 189
Esqueleto: Expressão e Emoção – 90-91
Estática do Templo – 80, 81, 83, 84, 103, 110
Estética e Liturgia – 64-66, 102

211

F
Fecundidade do Sacrifício – 58, 72
Formas Curvas e Poliédricas – 66, 109, 110

H
Helenismo – 95, 182

I
Iluminação Artificial – 65-66, 141-145
Imaginação e Fantasia – 94, 138, 197
Indolência (Preguiça) Intelectual – 59, 104

L
Latitude – 54-55, 93-94, 153-154, 173, 175, 189
Lentidão nas Obras do Templo – 45, 50, 57-58

O
Otimismo – 124, 136
Originalidade – 93, 110, 114

P
Plantas do Templo – 66-67, 104, 137, 138
Plasticidade – 56-57, 79-80, 124, 129, 131, 137, 139
Policromia – 53-54, 62, 81-82, 99, 180, 182
Política – 48, 139, 148, 150, 151, 154, 159-169

S
Simbolismo – 67-68, 71, 105-107, 113-114
Sinos – 102-103, 115-121, 138
Sínteses e Análises – 57, 76, 154, 155, 156, 157

U
Unidade de Formas – 123, 156

V
Verdade – 90, 92-93
Vida – 54, 55, 62, 82, 90, 91, 106, 107, 183

CESAR MARTINELL BRUNET

Arquiteto e diretor fundador, em 1958, do Centro de Estudos Gaudinistas e acadêmico da Real Academia de Belas-Artes de San Fernando de Madri e de San Carlos de Valência. Escreveu o livro *Gaudí, Sua Vida, Sua Teoria, Sua Obra*.

Alberto Marsicano (tradução)

Graduado em filosofia pela Universidade de São Paulo, é músico, escritor e tradutor. É autor de *Idiomalabarismos, Sendas Solares, Rimbaud por Ele Mesmo, Jim Morrison por Ele Mesmo* e *Crônicas Marsicanas*; traduziu *O Olho Imóvel pela Força da Harmonia*. Citarista discípulo de Ravi Shankar, gravou os CDs *Benares, Impressionismos, Raga do Cerrado, Quintessência, Electric Sitar* e *Isto não é um Livro de Viagem* (Galáxias, com o poeta Haroldo de Campos) Seu trabalho pode ser conferido no *site* www.marsicano.tk.

Juan Sanz Hernandez (revisão técnica)

Poeta surrealista espanhol nascido em Valladolid, é autor de *Biografia a Três* e *Horas Queridas*.

Este livro foi impresso em Cotia,
nas oficinas da Meta Brasil,
para a Editora Perspectiva.